SCHILLERNDES LEBEN
IN SALZBURG
Ein Erinnerungsprojekt für eine
alternative Zukunft

Tartin Editionen

Es gibt Lebensläufe, bei denen im großen und ganzen eintrifft, was durch Geburt, Herkunft und Umgebung vorgezeichnet ist. ... Daneben gibt es seltsame Leben, die man weniger „Läufe" nennen kann als „Sprünge", „Versetzungen" oder „Fälle".

Peter Handke
Aus seiner Rede bei der Verleihung des
„Literaturpreises der Stadt Salzburg", 1986

SZENE
SALZBURG

SCHILLERNDES LEBEN IN SALZBURG

JOHANN BARTH
DIETER FEICHTNER
FELDINGER/PRASCHAK/KODAT
HERBERT FUX
ULRIKE GSCHWANDTNER
GUNTHER HOFMEISTER
FRANZ INNERHOFER
RUTH JUNGK
FRITZ KOHLES
WALTRAUT RAINER
CHRISTIAN WALLNER

mit Texten von
Max Blaeulich
Michael Stolhofer
Hannes Krawagna
Wolfgang Radlegger
Gudrun Seidenauer
Martin Stricker
Klemens Renoldner
Werner Thuswaldner
Karl-Markus Gauß
Tania Hölzl
Siegbert Stronegger
Johannes Voggenhuber

Tartin Editionen

- **9** JOHANN BARTH
  Max Blaeulich
- **23** DIETER FEICHTNER
  Michael Stolhofer
- **37** FELDINGER/PRASCHAK/KODAT
  Hannes Krawagna
- **55** HERBERT FUX
  Wolfgang Radlegger
- **71** ULRIKE GSCHWANDTNER
  Gudrun Seidenauer
- **85** GUNTHER HOFMEISTER
  Martin Stricker
- **97** FRANZ INNERHOFER
  Klemens Renoldner
- **109** RUTH JUNGK
  Werner Thuswaldner
- **125** FRITZ KOHLES
  Karl-Markus Gauß
- **135** WALTRAUT RAINER
  Tania Hölzl
- **155** CHRISTIAN WALLNER
  Siegbert Stronegger
- **166** NACHWORT
  Johannes Voggenhuber
- **173** SCHILLERNDE LEBENSDATEN
- **175** AUTORINNEN & AUTOREN
- **176** IMPRESSUM

VORWORT

SCHILLERNDES LEBEN IN SALZBURG
Ein Erinnerungsprojekt für eine alternative Zukunft

Dieses Buch würdigt Beispiele ungewöhnlicher Lebensläufe, die im Widerspruch zum konservativen Salzburgbild standen und ermutigende Spuren hinterlassen haben. Die denkwürdigen Personen sind keine üblichen Salzburger Berühmtheiten. Dennoch waren sie in ganz unterschiedlichen Rollen im öffentlichen Leben aktiv und präsent. Alle sind sie gegen den Strom geschwommen. Alle haben sie zu einem alternativen Salzburgbild beigetragen und Möglichkeiten in dieser Stadt aufgezeigt, die für normale Bürger schwer vorstellbar waren. Somit sind diese Menschen anregende Beispiele für gegenwärtiges und zukünftiges Leben in Salzburg.

Auch wenn die Aktivitäten dieser Erinnerten im letzten Drittel des vergangenen Jahrhunderts auffielen und der Aufbruch Salzburgs in den 70er und 80er Jahren, den sie mitgestalteten, weitgehend versandet ist, ermutigen diese Lebensgeschichten, entgegen dem weitgehenden Stillstand und der Gestaltungsschwäche der Stadt, an einer famosen Zukunft mitzuwirken. Johannes Voggenhuber fragt in einem Nachwort nach dieser Zukunft der genützten Chancen für Salzburg.

In jedem Fall stehen die hier beschriebenen Persönlichkeiten für ein unangepasstes, erfülltes und kreatives Leben. Charakterisiert werden sie und der Kontext ihrer Salzburger Existenz durch Erinnerungen und Erzählungen heutiger Salzburger Autorinnen und Autoren. Die hier aufgezeichneten Begebenheiten und Anekdoten werden in dem Gedächtnis einer Generation verloren gehen.

Was für ein schillerndes Leben konnte, kann und wird man in Salzburg führen!

Zu diesem Buch stehen 2016 temporäre Denkmäler an verschiedenen Orten der Stadt Salzburg. Bei ihrer tetrahedralen Gestalt habe ich aus der langjährigen Beschäftigung meines Freundes Martin Flatz mit dieser Form geschöpft.

Michael Stolhofer

Mit Dank an Fritz Urban und Bertie Ambach

Max Blaeulich

Johann Barth vulgo JOBA
Schauer

Sich an einen Menschen explizit erinnern heißt verklären, über- oder untertreiben, verzerren, entspiegeln, bespiegeln, sich in ein Verhältnis setzen, das wahrscheinlich gar nicht so stimmt, wie es aufgezeichnet, notiert wird, jedenfalls wird immer eine Färbung, zugleich eine Ver- oder Einfärbung stattfinden, die im günstigsten Fall eine mehr oder weniger phantasmagorische Annäherung darstellt, im schlechtesten Fall eine fade Deskription langweiliger Lebensbeschreibungen ergibt, die eine Aneinanderreihung von Verhaltensauffälligkeiten oder Anekdoten ist. Gewichtung der Ereignisse, Bedeutung des Gemeinsamen, Beobachtung des Exzentrischen oder Erinnerung der Erscheinung in einem bestimmten Kontext verschmelzen in diesem Fall unweigerlich zu einem Amalgam. Persönlich sind mir eigentlich die Über- oder Untertreibungen am liebsten, weil sie die Möglichkeit bieten, die Mediokrität des Einzelnen hintanzustellen, aus einer absurden Perspektive Nasen, Augen, Ohren etc. abzuschneiden und die Möglichkeiten, die diese Person hatte, weiterzudenken und ein neues Ganzes zusammenzufügen. Von diesem Vorgang oder von diesem Kunstgriff einer durchaus elastischen Verfestigung oder Bizarrerie erzähle ich jetzt:

Johann Barth (JOBA) war kein obskurer Mensch, höchstens einer mit seltsamen Vorlieben oder Begierden, Obsessionen, die so manchen von uns eignen, vorausgesetzt, der Betrachter schaut nur genau hin und fängt zu dividieren an: die dunklen von den hellen Seiten. Man flaniere nur einmal in bestimmte Cafés oder in irgendeinen Nachtclub der mittleren Gehobenheit. Überall sind Leute anzutreffen, die etwas eigen sind, deren Marotten einen zum Aufblicken veranlassen, verkrachte Existenzen, Hochstapler, Gescheiterte, selbst ernannte Künstler, Theatermenschen, halbe Genies und ganze Verrückte und so weiter und so fort.

Barth lernte ich 1972 kennen. In seinem *Archivroman*, den er 1988 verfasste, erinnert sich Barth an ein Ereignis, bei dem ich anwesend war:

„Bildstop Nr. R. 793: Februar 1972. Mein Auftraggeber, die Jeans-Firma ‚Levi-Strauss Austria' ordete [sic!] eine Mode-Bildserie: vier nebenberuflich tätige Modelle (zwei Dressmen und zwei attraktive, schlanke Frauen) wurden von der Firma beigestellt. Einer der jungen Modelle war: NIKI LAUDA! Nach unserer stundenlangen Arbeitssitzung wünschte sich Niki Lauda: ‚Haltet mir die Daumen! Ich fahr' morgen zu meinem ersten Formel II-Einsatz nach Spanien.'"[1]

Ich war damals Merchandising Manager bei *Levi Strauss*, der wohl jüngste in der Firmengruppe, und mitverantwortlich für diese Fotoserie, die meines Erachtens von allen Beteiligten wenig professionell angegangen wurde. Was verstand denn unsereins von tollen Fotos. Mir kam die ganze Angelegenheit eher vor wie eine Bastelstunde in Sachen Fotografie, so als habe man gewisse Leute vom Tennisclub Fallenegger – einem auf schick setzenden Tennisclub der Jeunesse dorée – mit dem Tenniskapperl zusammengefangen, Mädels und Burschen engagiert, da preiswert, und vor die Kamera gesetzt. Alle Anwesenden taten sehr, sehr wichtig, sehr blasiert, nur keiner kannte sich aus. Elendslang wurde über Posen gefachsimpelt. Wenn die Posiererei dem Lichtbildner Barth einfach zu lang dauerte, zu viele dreinredeten, dann fing Barth zu diktieren an. Er schwang sich letztlich zum Diktator der Pose auf und alle mussten kuschen. Eine Peitsche hätte ihm gebührt. Auf seinen Befehl hätten sich gewiss die Models durch brennende Reifen gestürzt und der Dompteur hätte furchtlos sein Haupt in die Rachen der Mädels gelegt. Er knurrte und schimpfte unerbittlich, wenn er einen Bruchteil von einer Sekunde zum Auslöser hinzitterte, weil sich die Bestien immer zu rühren anfingen. Gefürchtet war sein Ruf: „Mehr Licht!" Es schwoll ihm eine Zornesader mitten auf der Stirn. Sicherlich, die Mädchen waren hübsch, an der Mode und am leichten Geld mit Aussicht auf Karriere interessiert und waren bereit alles zu opfern, ich behaupte, sie wären sogar nackt vom Zehnmeterturm im Leopoldskroner-Bad gesprungen. Leider konnten die Hobby-Schönheiten nicht wirklich professionell mit Stöckelschuhen gehen – das wurde allgemein von uns Managern bemängelt, damit irgendetwas Fachmännisches gesagt wurde – und jemand kam auf die Idee eines Satzes, der zu allgemeiner Peinlichkeit führte: „Fräulein, Sie bewegen sich wie ein junges Nilpferd." Worauf die so unqualifiziert angesprochene Schönheit der Nacht zu weinen anfing, was wieder das zarte Mitgefühl der Herren hervorrief und sogleich bildeten sich Lager. Barth spendete Trost und Verständnis, weil ohnehin im Fall dieser Fotositzung das Schuhwerk egal war. Stöckelschuhe mit Jeans war damals unvorstellbar, höchstens eine geschmackliche Verirrung. Niki Lauda war ein schmächtiger Typ, taugte maximal als Rennfahrer, da waren sich alle einig, keinesfalls als Dressman. Diese Ansicht der vollkommenen Untalentiertheit Laudas als Vorführer von Modewaren aller Art wurde bestärkt, als er es dann doch im Kreisfahren zum Meister brachte und sich in seinen Overalls standesgemäß ablichten ließ. Hierin war er sehr talentiert.

Milo, der zweite schöne Mann, begann mit diesen Fotos eine durchaus beachtete Karriere, besonders in den diversen Modeversandhäusern der günstigeren oder sagen wir der billigen Natur, wie zum Beispiel bei *Universal Versand*, *Otto* und *Neckermann*, wie halt die Falotten damals hießen. Solch schöne Männer haben es durchaus schwierig im Leben. Sie werden angehimmelt, sie werden von der fraulichen Kennerschaft in puncto Mode um Freifahrtickets zu den Laufstegen der Welt angebettelt, was schon sehr enervierend ist, und dann noch müssen sie in der Nacht einiges Geschlechtliches leisten, worüber sich der Normalsterbliche gar keine Vorstellung macht, weder von der Kompliziertheit der Männer und Frauen noch von der Mickrigkeit der Hotelzimmer. Schließlich müssen zukünftige Models beweisen, was sie bereits im Vorstadium der Verpuppung alles können. Da ist es kein Wunder, dass so mancher in der Chemie sein Heil suchte. Wenn Models in spe ihr Ziel definiert haben, egal ob sie eine große oder kleine Laufstegfliege zu werden beabsichtigen, dann sind sie bereit fürs Pferdestehlen. Ich denke, Barth war sich dieser seelischen Vertracktheit bewusst, denn nicht von ungefähr berichtet er in seinem *Archivroman* von weiblichen Kandidatinnen, die in ihm, dem Fotografen, die erste Hürde zu nehmen beabsichtigten, die es nicht zu überspringen, sondern flachzulegen galt. Nicht nur einmal beschreibt er züchtige, fast schüchterne Mädchen, die von ganz normalen Modeaufnahmen ins Milieu der Nudität abglitten und sich für schöne, großformatige Bilder dem Fotograf privat und schließlich der Industrie öffentlich zur Verfügung stellten. Manche schreckten auch nicht vor der damals noch verbotenen Pornografie zurück. Wenigstens hierin florierte die Naturalwirtschaft einigermaßen. Selbst das Trinkgeld der Damen für Barth – kleinere körperliche Extras – war meist großzügig, schon im Hinblick auf weitere Fotosessionen. Nur so konnte ich mir das dauernde Gefasel von „hocherotisch" und „sehnsuchtsschmachtend" erklären, ein Zustand, der den Bildern anhaften soll wie ein raffiniertes Parfum. Der allgemeine Terminus technicus für ein gutes Bild war das wie die Morgenröte aufstrahlende Wort „geil" in den Kopfkosmen des p. t. Fachpublikums und in denen des Plebs sowieso.

Barth stand in seinem Ansehen ganz gut da, vielleicht auch darum, weil er als Fotograf schwer einzuschätzen war, das heißt, niemand verstand profund etwas von Fotografie. Deshalb waren die Fotos fast automatisch gut, vorausgesetzt dass aus diesen der eben erwähnte Hauch von Verruchtheit wehte, der gewisse Pawlow'sche Reflexe im Rachenraum zu erzeugen wusste.
Die Models gaben sich bestimmt alle Mühe, Geilheit und Erotik zu evozieren. Vormittags und nachmittags. Kein Wunder, dass sie zu schwitzen begannen. Das sah ich ganz deutlich an den Achselhaaren der Protagonisten, Haare, die still und leise feucht wurden und über die der Schweiß still tropfte. Damals waren Rasuren noch sehr selten, international sah man schon ihren Siegeszug, national waren Rasuren noch nicht sehr üblich, geschweige denn Tattoos. Selbst die angebetetesten Filmgöttinnen, wie Ursula Andress oder Anita Ekberg, trugen in besagten Jahren noch ungeniert Achselhaare. „Schmachtend", rief Barth ins Set, „mehr schmachtend Leute, kapiert ihr Mistkäfer, schmachtend muss der Blick sein." Bald war das ein geflügeltes Wort. Hätte Barth gesagt, sie müssten auf den Schultern eines Eisbären nackt posieren, sie hätten wahrscheinlich alles getan, um die Schultern eines Eisbären zu erklimmen und schmachtend gebibbert. Todesmutig waren sie, aber was noch viel ausschlaggebender war, sie waren auch versext. Barth war das ebenso, wie auch Teile der Merchandising Group, die in diese Fotosession stolperten wie der berauschte Harald Juhnke auf die Bühne. Ich musste Niki Lauda immer wieder Jeans zum Anprobieren bringen, die er sich sozusagen als zusätzliches Honorar behalten durfte. Dann klatschte Barth wieder in die Hände, wenn er an seinen geheimnisvollen Apparaten genügend gedreht hatte: „Zur Sache, zur Sache!", und schon nahmen alle ihre versteinerten Posen ein. Barth blickte mehrmals in seine Rolleiflex, murmelte: „Geiler, etwas geiler, viel geiler", und dann nuschelte er erneut etwas von: „Schmachtend, schmachtender, schmachtend, aber ein wenig

geil, geil schmachtend", bis er endlich sagte: „Bravo, bravo!" und „Das ist es!"
So ging das hin und her bis endlich eine genügende Anzahl schmachtend-geiler Fotos vom Rennfahrer Biberl, dem griechischen Gott Milo und den Fruchtbarkeitsgöttinnen aus der Schallmooser Vorstadt in seinem Fotoapparat landeten. Tatsächlich wurden dann die Fotos schön entwickelt, unter „Ah" und „Oh" begutachtet, bevor sie das Licht der Öffentlichkeit auf den Plakatwänden erblickten.

Ich war damals noch keine große Nummer im Jeansgeschäft. Barth dagegen hatte einen durchaus geheimnisvollen Ruf als Modefotograf, insbesondere beim TC Fallenegger, der von dem Ex-Rennfahrer „George" Fallenegger gelenkt wurde. Er verstand angeblich etwas von der großen, weiten Welt der Rennstrecken, zum Beispiel auf den Gaisberg hinaufzuhetzen und hinunterzusausen. Das Wissen um dieses Große und Weite der Schmiermittel und Benzingerüche wusste er geschickt auf die Bayernstraße zu übertragen. Eine richtige Clubatmosphäre, das internationale Flair von frisierten Autos entstand in diesem eigentlich bronxartigen Bezirk von Hütten und Baracken, ein Tennisclub zwischen den Schallmooser Mietshäusern. In dieser Gegend, in diesem Tennisclub, schien sich der hoffnungsvolle Nachwuchs der Salzburger Gesellschaft nahezu unerschöpflich zu erquicken und den Typus des Homo eroticus bravourös zu vermehren. Selbst das Gesindel, welches auf sich hielt, verkehrte dort mehr oder weniger extravagant oder imitierte zumindest die große weltmännische Geste der Galanterie, des feinen Geldes und der Lacoste-Leibchen.
Was mir damals an Barth als Erstes auffiel, waren seine pomadisierten Schmalzlocken, die er sich ins Gesicht gekämmt hatte. Diese Frisur irritierte mich ungemein, war es doch eine Frisur, die in einem geradezu blasphemischen Gegensatz zu Woodstock und zur Hippiebewegung stand. Vielleicht signalisierte er damit den Status seiner Stellung als dreiäugiger Beobachter, als Chamäleon unter den Exaltierten. Er war alles andere als ein Hippie, keiner der Drogen einschmiss, eher einer, der sich in der Distanz hielt und sich in einer gewissen Weise nicht zu jenem Mainstream gehörig fühlte, der beim TC Fallenegger ein- und ausging. Vielleicht schuldete er das seinen Wurzeln. Möglich, dass er vielleicht auch mein Herkommen aus selbiger Gegend witterte. Stammten doch unsere Eltern aus Siebenbürgen, genauer gesagt aus Hermannstadt bzw. aus der bäuerlichen Umgebung, die es heute als soziale Einheit nicht mehr gibt, eine Gesellschaft, die längst ausgelöscht wurde. Der, der konnte, floh aus

Rumänien. War er Nazi musste er fliehen und war er keiner, musste er auch in die Welt der Ruinen fliehen. Trotzte er, trotzte er vergebens, denn die sowjetischen Bergwerke fraßen ohne Unterlass Menschen, insbesondere Deutsch sprechende. Den Rest besorgten dann die Spinnen des Kalten Krieges, Ceausescu und Parteikonsorten. Gründlich und radikal säuberten sie ihr Land vom deutschen Unkraut. 1944 floh Barths Familie. Zuerst nach Deutschland und dann weiter nach Oberösterreich. Der damals Fünfzehnjährige fing als Hilfsarbeiter auf dem Bau an, wohnte in Barackenlagern und träumte von einem Leben als Fotograf. Er war fasziniert, als er die erste Kleinbildkamera auf dem Handgelenk eines in Hermannstadt urlaubenden Soldaten sah. Angekommen in Österreich versuchte er zu einer Kamera zu kommen. Der Tauschwert für eine gebrauchte Kamera war zwei Paar Damenstrümpfe, sogenannte Nylons. Ein Ding der Unmöglichkeit. Aber vielleicht war es gerade deswegen, dass Barth dann doch die zwei Paar Damenstrümpfe auftrieb, dass er Fotografie sehr schnell mit Erotik assoziierte, jedenfalls gab es diese Verbindung von Erotik und Fotografie am Beginn seiner Laufbahn.

Wie Barth selber schreibt, begann ungefähr um 1951 seine Joba-Unternehmung, hergeleitet von Vor- und Nachnamen. Joba sollte also in Zukunft sein Markenzeichen werden. Und es wurde es. Ein umfangreicher Bildband, herausgegeben vom Archiv der Stadt Salzburg, zeugt von den Aufnahmen dieser Zeit. Insofern sind sie interessant, als sie doch den Alltag einer Stadt zeigen, die andere Fotografen links liegen ließen, da es weder Schönwetteraufnahmen noch Sehenswürdigkeiten waren. Das vielleicht macht die Aufnahmen wichtig und lebendig. Alltagsfotos eines pulsierenden Lebens, Fotos des Wiederaufbaus, Bildreportagen über Herrn und Frau Meier, über das Marktgeschehen, Kuriosa, Festspielbesucher, Tagesereignisse, Sportereignisse usw. Und dann waren da noch die Burschen und Mädchen, die von einer Karriere als SchauspielerInnen träumten oder Ähnliches anstrebten. Meist waren es Mädchen, die er mit möglichst wenigem Gewand, eigentlich nackt zu fotografieren hatte. Er brauchte sich nicht sehr um sie zu bemühen, sie bemühten sich um ihn. Jobas Markenzeichen war die um die Schulter hängende Kamera. Sein *Archivroman*, den er Jahre später fast als eine Referenz über seine Arbeit als Fotograf schrieb, ist nichts anderes als ein Bericht über sein Leben als Fotograf, seine Erfolge mit Bildern und zugleich seine Erfolge bei Frauen, die ihn aussuchten, um sich ablichten zu lassen. Wenn schon die beiden Paar Nylons der Preis für eine Kamera waren, war der Preis für eine Serie herzeigbarer Fotos Sex, der fast bereitwilligst gezahlt wurde oder der inklusive war. Jedenfalls spielte das fast immer eine Rolle. Nicht, dass er hier forderte, sondern dass ihm Sex angeboten wurde. Das mag einem mehr oder weniger sympathisch oder nicht sympathisch sein, doch so viel Einblick hatte ich schon in die Welt der Mode gewonnen – ich jettete zwischen Rom, Paris, Brüssel, Amsterdam und London herum, auf der Suche neuer Trends –, war Sex doch eine Naturalwährung, ähnlich der Usancen der damaligen Ostblockstaaten, die mit Gurken oder Tomaten ihre Jeansrechnungen zu bezahlen suchten. Nichts also gegen die Tauschwirtschaft und Kompensationsgeschäfte. Eigentlich kannte ich gar keine andere Form, mit der sich Mädels eine Fotostrecke bezahlen konnten. Als junger Fotograf musste Barth geradezu angetan von den sich ihm eröffnenden Aussichten gewesen sein. Er betrat sehr bald, sehr rasch und sehr dediziert die Welt der Erotik. Manchmal hatte ich den Eindruck, diese Welt würde ihm über den Kopf wachsen. Hierin täuschte ich mich gründlich. Jedenfalls nahm er mich damals in diesem Kontext wahr. Natürlich war ich viel, viel fescher als er – wie gesagt die Schmalzlocken, die er noch dazu oft mit Spucke fixierte. Eine nervöse Geste, wenn die Elida-Haarcreme nicht mehr hielt, das war ein absoluter Fauxpas. Außerdem war ich größer als er, breiter gebaut, schlank und überhaupt. Barth erkannte sofort meine Möglichkeiten auf allen Gebieten der Erotik – „doch leider", wie er oftmals zu mir sagte, wenn er mir einen Einführungskurs in die Verhältnisse der Intimitäten geben wollte, „bist du noch immer Jungherr mit einer religiösen Schlagseite." Wie gesagt, ich war schöner und durchaus interessant als angehender Schriftsteller, denn insgeheim war Mode für mich nichts anderes als Flitter und Talmi. Nicht weil ich das Handwerk nicht mochte, sondern was drumherum zelebriert wurde, wie sie aufgemotzt wurde, inwieweit Netzwerke eine Rolle spielten, Geld und Macht ins Spiel kamen. Da *Levi Strauss* eine Weltmarke war, beobachtete ich als Zwanzigjähriger genau diese Melange und verfluchte sie. Weder die Zonen der Erotik interessierten mich damals noch jene des Glamour. Ich beschäftigte mich intensiv mit Literatur und Kunst. Das war vielleicht eine Ebene, die Barth anzog. Er schwärmte mir von literarischen Versuchen vor, von einer Zeit, wo er das Fotografieren hinschmeißen und nur mehr seinen Neigungen nachgehen wolle, so wie ich. Natürlich nahm ich das Geschwafel nicht ernst, doch ihm war es ernst. Ich erkannte das nicht. Vielleicht hätte ich ihm damals die Hand reichen sollen, leider reichte ich sie ihm nicht. Zwischen uns standen seine Frauengeschichten, Frauen, die er sich aufriss, während der Shootings. Er war längst süchtig nach Frauen geworden. Kaum blickte ihn eine länger als eine Sekunde an, spielte es bei ihm im Kopf „Ramona". Viele blickten ihn an, so als wäre er der Prinz von Arkadien. Barth blickte sie jedoch durch das Objektiv an, spionierte die Kurven und Wunder und Geheimnisse eines Körpers aus, vergrößerte sie und projizierte sie an die weiße Wand. Dies war seine Welt. Der professionelle Umgang mit halbnackten Damen und Herren, das Drumherum und die gespielte Lässigkeit, als Selbstsicherheit getarnt, sowohl beim Fotografen als auch bei seinen Models, befeuerten nur Sucht und Begehren. Noch aber war Barth erst am Anfang der tollkühnen Fotos und musste sich redlich als Allerweltsfotograf durchschlagen. Mit Aufträgen von Zeitungen, die damals wie heute kaum etwas bezahlten. Aber er ging diesen Weg konsequent. Das Wanderleben als Baubaraber hatte ungefähr um 1951 ein Ende. Er begann seine Fotos nun mit dem Kürzel Joba zu bezeichnen, vielleicht auch, um zu signalisieren, es beginnt etwas Neues, etwas anderes. Joba, ein schöner zweisilbiger Wohllaut, eine klingende Marke, wie OMO oder Cola, jedenfalls hatte JOBA das Zeug zu einer Marke, eine Versprechung von etwas zu erwartendem Großen. Aber dieses Große blieb letztlich ein Versprechen. Joba scheiterte immer wieder an oder mit seinen Amouren. Arg traf es ihn im Sommer 1957.

„Bildstop Nr. 3724: Sommer 1957: Vorläufiges, ‚absolutes' Ende meiner journalistischen Freiflugversuche... Vom Arbeitsamt wurde mir eine Arbeit als Hilfsbuchhalter (!), plus inkludierter Verkäufertätigkeit bei TISCHLER LAGO, in der Getreidegasse vermittelt. [...] Mein Chef, Herr Schneider und meine Kollegen, Brandauer und Kreil, mokierten sich darüber, daß ich meine Kamera immer in Griffweite und ‚schußbereit' neben mir am Schreibtisch liegen hatte. Ich hatte meinen früheren Beruf nie aufgegeben, innerlich, in einem Hoffnungswinkel meines Herzens, war und blieb ich der Fotograf und so konnte und durfte ich meiner Kamera nicht untreu werden. Ob auf dem Weg zur Arbeit, in der Mittagszeit oder am Heimweg durch die Salzburger Alpenstrasse: immer hatte ich meine LEICA bei mir, ähnlich einem Raucher, der sich ohne Feuerzeug hilflos ..."[2]

So stand es also 1957 um JOBA bei LAGO. Nicht verwunderlich. Das Jahr darauf heuerte er bei *Foto-Porst* an. Eine mir nicht unbekannte Adresse, verbrachte ich, ach mein erstes Lehrjahr bei derselben Firma, als Foto-Großhandelskaufmann, was Barth und mir Gesprächsstoff gab, da wir gemeinsame Bekannte hatten. Barth schrieb in seinem *Archivroman*:

> „Bildstop Nr. 5199: Frühsommer 1958. Vom Nullpunkt wieder in die Zielrichtung unterwegs! Meine bisherigen Kenntnisse als Amateur- und Profifotograf, sowie meine Wortreportagen wurden bei der Neubewerbung zum Vorteil. FOTO-PORST, der Welt ‚größtes Fotohaus', Hauptsitz war Nürnberg, gab mir, als Angestellter der neuen Filiale in Salzburg die große Chance. Ich übersiedelte, von den ‚Holzwürmern' in der Getreidegasse, zu den ‚Foto-Enthusiasten' in die Peilsteiner Straße. Ab sofort war ich eine Variation von: fernberatender Foto-Onkel; diktierte mein Wissen im Laufe zweier Jahre auf tausende Briefseiten. (Frühjahr 1958 bis Sommer 1960; etwa 42.000(!) Seiten)."[3]

Wie es Barths Natur entsprach, klärte er mich nicht nur in diffizilen Liebessachen auf, sondern auch über heikle Beziehungsprobleme und Liaisons bei *Foto-Porst* beziehungsweise den *Great Universal Stores*, einer englischen Versandfirma, die 1966 Teile von *Foto-Porst* übernahm, da die Nürnberger Firma fallierte. Jedenfalls wusste Barth bestens Bescheid, wer von den verbliebenen Angestellten mit wem das Bett teilte, vor welchen Seilschaften man sich in Acht nehmen musste und wie man kleine Vergünstigungen bekommen konnte. Mich ging das schon längst nichts mehr an, da ich als Lehrling gekündigt hatte. Konnte ich doch ein exzellentes Zeugnis vorweisen und eine hundsmiserable Lehre nachweisen, bei der der Lehrling nur als Trottel und Paketschupfer Verwendung fand. Also brach die Schulbehörde meine Lehre offiziell ab (es konnte der Lehrling nicht kündigen) und ich wurde zu meinem Glück zu *Levi Strauss* befördert. So kam es zum Zusammentreffen von Barth und mir und zum Gespräch über *Foto-Porst* und die Betten, aus denen die herrschenden Kreise sowohl *Foto-Porst* als auch den *Universal Versand* dirigierten. Darüber wusste er eine Menge Einzelheiten und ich ebenfalls, was zwischen den irrsinnslangen Umziehpausen und allem anderen Gwirx mit Knöpfchen, Häkchen und Strapsen als amüsanter Gedankenaustausch begann. Barth konnte es gar nicht fassen, dass ich in meinem jugendlichen Alter nicht nur eine verantwortliche Position innehatte, er konnte es auch nicht fassen, kein Draufgänger wie er zu sein und noch viel weniger keinen Harem zu haben, sondern, dass ich mich mit Kunst und Literatur befasste. Wahrscheinlich hätte er mich in diesem Milieu halbnackter Damen am liebsten als „Playboy" gesehen, den er doch regelmäßig gab und deren Periodikum las, „wegen der wunderbaren Künstler", wie er sich vornehm ausdrückte, „und bedeutenden Schriftsteller". Klar, nur wegen der ebenmäßigen und alabasternen Künstlerinnen gingen diese Hefte von einer in die andere Hand. Damals dachte ich mir, als ich die Hände der nach dem Journal Greifenden sah, ein Roman könnte doch den Titel tragen „Die Rache der schwitzenden Hand". Für mich war klar, wohin Barth mit seinen Fotos wollte: Zu Hefners *Playboy*! Aber das spielte es vorerst für den Dahergelaufenen aus Siebenbürgen nicht. Er wurde Pressefotograf. Barth schreibt:

> „Bildstop Nr. 2290: Ranshofen, 1. Jänner 1956. Ich war sauer! Herr Neumann beauftragte mich, ausgerechnet an Sylvester, eine Reportage-Tour nach Ranshofen zu machen. Dort mußte ich eine 102-jährige Greisin besuchen, befragen und fotografieren! [...]"[4]

Verständlich, dass Barth sich etwas anderes vorgestellt hatte, als Lokalreporter zu sein, der Rührstücke mit viel Unglück und Glück und wundersamer Rettung in letzter Minute in ganz Österreich aufzuspüren hatte. Doch vielleicht, obwohl diese Schule ihm nicht behagte, war sie eine gute, keine schlechte Lehre, denn irgendwie verdarb sie ihm nicht den Blick auf die kleinen Leute, auf das Alltagsgeschehen, auf die sogenannte „Normalität". Freilich, verkaufen konnte man diese Bilder nicht, man verdiente nichts und ich bezweifle, dass Barth etwas mit ihnen vorhatte, denn kaum vorstellbar, dass Bilder dieser Art und Qualität irgendjemanden interessieren könnten.

> „Bildstop Nr. 2030: Salzburg, Winter 1954/55. Ich begann immer ‚besessener' mit der LEICA zu arbeiten... Mit ‚Knipser-Wut' fotografierte, dokumentierte ich alles, was sich als interessant vor den Sucher bringen ließ: das neuerbaute Unfallkrankenhaus – das im Neubau befindliche Hotel MIRABELL – das angeschlossene Kurhaus – die vorweihnachtlich geschmückte Getreide-Gasse –. Es wurden Bilder, die die äußere Veränderung dieser Stadt festhielten."[5]

Erst ein halbes Jahrhundert später, kurz vor Barths Tod, gab das Salzburger Stadtarchiv einen Band von Barths Fotografien zwischen 1950 – 1975 heraus. Eigenartig, wie diese Fotografien zurückführen in die längst als vergessen geglaubte Vergangenheit, in eine Stadt, in der ich die Jugend verlebte, bevölkert von Typen und Situationen, die mir bekannt sind, Bauwerke und Verkehrsverhältnisse, die ich so erlebt hatte. Beim Blättern in diesem Band seiner frühen Fotografien war mir, als ginge Barth hinter mir. Eigentlich müssen sich unsere Wege und wahrscheinlich auch die von vielen anderen oft gekreuzt haben. Barth lieferte Fotos für die in meinem Kopf längst vergrabenen Bilder. Er gibt mir Bilder zurück, mit anmutigem Beiwerk, komischen Typen, die ich tagtäglich nur am Rande wahrnahm, sogar die Geräusche der Motoren, das Geplappere am Markt, die Schaufensterdekorationen, die Typen vor dem Kino, die Mopeds der Halbstarken, den „Mississippi-Dampfer" am Hanuschplatz, den hellblonden Badewaschl vom Volksgartenbad und das Publikum vor dem „Western Saloon", in den ich mich als Nichttänzer kaum traute ... Diese Seite von Barth kannte ich damals, als sich unsere Wege bei *Levi Strauss* kreuzten, nicht. Auch von seiner Bekanntschaft mit Thomas Bernhard wusste ich wenig. Später, als er sich nur mehr als Literat wähnte, erfuhr ich doch einiges über diese Bekanntschaft, auf die er sehr stolz war. Barth hatte Bernhard in den frühen fünfziger Jahren kennengelernt, wie er schreibt, in der Redaktion des „Demokratischen Volksblatts". Auf Geheiß des damals verantwortlichen Redakteurs, Dr. Herbert Moritz, nahm Bernhard Barth mehrmals zu Gerichtssaal-Berichterstattungen mit. Jahre später trafen sie einander in der Kulturredaktion der „Salzburger Nachrichten" wieder und arbeiteten zusammen als Filmkritiker. Bernhard, so Barth, verstieg sich zunehmend in dichterischen Beschreibungen, was Max Kaindl-Hönig zur Feststellung veranlasste: „Wer soll sich bei Ihrer dichterischen Verstiegenheit noch auskennen!" Worauf Bernhard wütend den „Kulturpapst" anschrie: „Lecken S' mich doch am Arsch!" Vergnüglich berichtete Barth diese Begebenheit. Er schreibt:

> „Da sich Bernhard gern von mir fotografieren ließ, machte ich auch an diesem Wiedersehenstag [November 1963] vom 32jährigen Dichter-Journalisten, mit der FAZ in der Hand, aus einem Glas Wasser trinkend und auf dem kleinen Marmortisch vor ihm das Buch FROST liegend, Bilder. Seine einzige Bedingung war: ich durfte die Bilder überall publizieren, aber niemals bei den SALZBURGER NACHRICHTEN!"[6]

Barth hat tatsächlich eine Reihe gültiger Bernhard-Porträts hinterlassen, die heute von Sepp Dreissinger archiviert werden. 1981 gab Barth das Fotografieren

auf, um sich nur mehr der Literatur zu widmen. Ich habe ihn damals öfters getroffen und konnte seine Entscheidung nicht nachvollziehen. Für mich blieb er der Fotograf und „Playboy".
In den 80er Jahren wandte er sich ausschließlich der Literatur zu und stieß sogleich auf Jack Unterweger, ein in der Strafanstalt Stein einsitzender Frauenmörder, der sich ebenfalls zu dieser Zeit der Literatur zuwendete. Immerhin war dieses Zusammentreffen der beiden erotisch hochgebildeten Herren nicht von ungefähr. Ich denke, zu dieser Zeit kam der Begriff „Häfenliteratur" auf, eine dumme Bezeichnung. Entweder es ist Literatur oder sie ist es nicht. Später wurde Unterweger in einschlägigen Kreisen in Anlehnung an Jack the Ripper „Jack the Writer" genannt. Immerhin etwas origineller, sieht man davon ab, dass insgesamt mehr als ein Dutzend Frauen daran glauben mussten. Barth war heiß auf erste Veröffentlichungen und Unterweger ebenso. Letzterer gründete sogar eine Literaturzeitschrift mit Namen „Wortbrücke" unter deren Firmierung die ersten Romane oder Berichte aus dem Gefängnis herauskamen und viele prominente Namen als Beiträger in dieser Zeitschrift figurieren. „Jack the Writer" hatte mit seinem lyrischen Erstling ziemlichen Erfolg. Dann folgten „Fegefeuer" und „Endstation Zuchthaus" sowie die Erzählung „Bagno" und der Roman „Va Banque". Bis sich die Verbindung der beiden in Luft auflöste. Unterweger galt als resozialisiert und nach sechzehn Jahren Zuchthaus kam er frei, eine Freiheit, der zahlreiche Sexarbeiterinnen zum Opfer fallen mussten. Diese Geschichte, oder soll man sagen Kriminalgeschichte, ist bekannt, in zahlreichen Büchern aufgearbeitet und verfilmt worden. Späterhin habe ich Barth einmal darauf angesprochen. Er schüttelte den Kopf, als wolle er mir sagen „ich verstehe es nicht" oder vielleicht sogar „die Lust, ja die Lust verdreht dir den Kopf".
Das hatte mir Barth tatsächlich einmal gesagt, nur nicht zu diesem Zeitpunkt, aber ich dachte an diesen Satz, wenn er mir von den himmelelendslangen Beinen der Models vorschwärmte oder von jenen Frauen, die die sexuelle Initiative bei seinen Rendezvous übernahmen. Tatsache aber ist, eine Form der Anmache, die ich einige Male bei ihm beobachtete. Ich erwähne sie darum, weil Gustav Janouch, ein Bekannter Kafkas, sie in dem lesenswerten Buch „Prager Heckmeck" so glänzend beschreibt, dass mir schien, als lugte Barth zwischen den Zeilen hindurch. Die Geschichte ist schnell nacherzählt:
In der Innenstadt Prags beobachtet ein notorischer Frauenheld die vorbeischlendernden, alleinstehenden Damen. Blieb eine vor einem Unterwäschegeschäft stehen, um sich in die Modelle der ausgestellten Wäsche zu vertiefen, dann

eilte er hinzu und sprach die Dame an. Eines Tages war es wieder so weit. Empört über diese Anmache mitten in Prag klebte ihm die Dame eine, wobei sie zugleich hinzufügte: „Nicht hier, kommen Sie um die Ecke." Nach gewissen Vorhaltungen drückte sie ihm eine Visitenkarte in die Hand, sagte, sie erwarte ihn in fünfzehn Minuten. Ihr Mann sei Vertreter und nicht zu Hause. Also ging der Herr zur besagten Adresse, klingelte, stapfte in den fünften Stock und wurde bereits von der Dame im Morgenmantel erwartet. Das Abenteuer schien seinen Lauf zu nehmen, zwei Drinks standen bereit, aber als sich der Herr der Krawatte entledigen wollte, schrillte die Klingel. Sie: „Um Gottes willen, das ist mein Mann." Er: „Was tun?" Sie: „Sie sind meine Haushaltshilfe. Bügeln Sie die Wäsche im Wäscheraum." Und er bügelt und bügelt. Von draußen hört er fortwährendes Gelächter, bis der arme Bügler ihren Mann flüstern hört: „Welchen Idioten hast Du Dir diese Woche gefangen!"

Es ist kaum zu glauben, aber ich habe es tatsächlich mehrmals beobachtet: Barth ging ähnlich vor und zwar in folgender Variante. Er verfolgte seine ihn erregende Dame, bis sie in eine Auslage blickte oder vor einem Zebrastreifen zum Stehen kam. Dann beugte er sich zu ihrem Ohr und flüsterte: „Wenn Sie einen sexuellen Notstand haben, dann wählen Sie die Nummer 878786." Ob die Nummer stimmt, weiß ich nicht mehr. Jedenfalls war es eine sehr ins Ohr gehende, leicht zu merkende Nummer und tatsächlich, wie er mir lachend bestätigte, funktionierte dieser Schmäh. Und es waren durchaus attraktive Damen, die darauf reagierten. Hätte ich diese Begebnisse nicht selbst gesehen, ich würde es nicht geglaubt haben. Früher war es die Kamera, die die Mädchen anmachte und ihn zum Herr über Leben und Bild machte, was es aber in den letzten Jahren war, ich weiß es nicht. Barth war weder ausgesprochen attraktiv noch sonst wie philosophisch anziehend, möglicherweise ein Faserschmeichler. Naja, vielleicht anziehend, wegen seiner verruchten Literatur aus der auch ein wenig „Jack the Writer" wehte. Vielleicht fehlt mir hiezu das Sensorium. Obwohl ich rätsle und rätsle, ich komme nicht dahinter, was sein gewisses Etwas, sein Sexappeal gewesen sein soll. Jedenfalls war er ein Fotograf, dessen Wege ich manchmal querte, und er ein Asphaltliterat, der meine kreuzte. Adieu.

---

1 Johann Barth: Archivroman. Edition Wortbrücke 1988, S. 91.
2 S. 22–23.
3 S. 23.
4 S. 17.
5 S. 14.
6 S. 61.

Michael Stolhofer
Dieter Feichtner
Im Rausch der Klänge

Auch Salzburg zeigte in den 70er Jahren des letzten Jahrhunderts Zeichen eines gesellschaftlichen und kulturellen Aufbruchs. Nicht, dass diese Stadt nachhaltig durch irgendetwas zu erschüttern wäre, aber manches bewegte sich doch. Durch die späten 60er Jahre waren Künstler, Studenten und Bürger aktiviert und die schwere Decke des Konservativen gab genügend Anlass und Aufregung, Veränderungen zu fordern und zu erproben. Studentenheime waren Zentren für linke Bewegung und Aktionismus. Kommunistische Splittergruppen bekämpften einander und für viele kam die Erkenntnis, wie autoritär und unbeweglich die Linke war, erst später. Man agitierte und veränderte das eigene Umfeld. Im Konrad-Laib-Heim wurde etwa in einer Nacht- und Nebelaktion die Geschlechtertrennung durch das Zusammenziehen von Studentinnen und Studenten faktisch abgeschafft. Bei der Angelobung der Rekruten des Bundesheers am Residenzplatz, ausgerechnet zum 15. Jubiläum des österreichischen Staatsvertrags 1970, brachten zwei im Dirndl verkleidete Aktivistinnen ein eingefettetes Ferkel in einer Tasche zur Feier und ließen es frei. Das Schwein brachte Wirbel in die militärische Ordnung, entglitt einem schnellen Zugriff und wurde zum Mythos der Salzburger Studentenbewegung.

Das Flugzeug des amerikanischen Präsidenten Richard Nixon konnte 1972 in Salzburg im ersten Anflug nicht zwischenlanden, weil Demonstranten aus Protest gegen den Vietnamkrieg die Landebahn blockierten. Bei der dazugehörigen Demonstration in der Stadt verbrannte man im Widerstand gegen die damaligen Polizeimethoden eine Puppe des Salzburger Polizeipräsidenten Utho Hosp. Eine Polizeistation wie die Rathauswache war als Prügelstube verschrien und der spätere Rektor der Linzer Kunstuniversität Reinhard Kannonier oder der Schriftsteller Peter Handke kamen mit argen Blessuren von dort.

Der Widerstand gegen herrschende Zustände ergriff Menschen bis in das bürgerliche Lager. Aber nicht nur ins bürgerliche, selbst ins aristokratische. Bäckermeister Richard Hörl und Hoteldirektor Johannes Graf Walderdorff, er hat seinen Adelstitel trotz offizieller Abschaffung im Salzburger Gesellschaftsleben nie wirklich verloren, standen am Anfang einer neuen Bürgerbewegung. Die Erhaltung des Grünlandgürtels in Freisaal und der Widerstand gegen die systematische Aushöhlung der Altstadtgebäude führte zur Gründung der Bürgerliste und damit ab 1977 zu einer neuen politischen Kraft im Salzburger Politspektrum.

Graf Walderdorff wurde durch ein Missverständnis mein erster Arbeitgeber. Ich wollte 1976 für meine Amerikareise im Jubiläumsjahr 200 Jahre USA etwas Geld dazuverdienen und hatte eine Suchmeldung nach einem Nachtportier für das „Hotel zum Hirschen" im Bahnhofsviertel gelesen. Ich hatte in Salzburg bis dahin nur in der Altstadt gelebt und so führte mich mein Erfahrungsradius geradewegs und irrtümlich in das „Hotel zum goldenen Hirschen" in der Getreidegasse. Dort empfing mich der Hoteldirektor Johannes Graf Walderdorff in seiner Krachledernen und hielt es trotz der fälschlichen Vorsprache und meiner schulterlangen Haare für eine gute Idee, mich für einige Wochen als Nachtportier einzustellen. Das Haus war zum damaligen Zeitpunkt trotz einer bemitleidenswerten Infrastruktur noch immer das erste Haus der (Alt)Stadt und so lernte ich des Nachts die Eigenarten von Musikgrößen wie Karl Richter, dem berühmten Bachdirigenten, oder den Les Humphrey Singers, die das Festspielhaus rockten und auch dort neue Sitten verbreiteten, kennen.
Zu meinen Gästen zählten auch der Schriftsteller Carl Zuckmayer oder der Friedenskämpfer Joseph Buttinger. Dieser liebenswürdige alte Herr war Gewerkschafter der Glashütte Schneegattern, sozialdemokratischer Funktionär, Antifaschist und Untergrundkämpfer gegen die Nazis gewesen, bevor er über Paris in die USA emigrierte und sich für die Schicksale von Flüchtlingen in aller Welt einsetzte. Er gründete zahlreiche Organisationen und wurde Berater und Freund des südvietnamesischen Präsidenten Ngo Dinh Diem mit dem er aber auf Grund von dessen zunehmend diktatorischer Politik brach. Bruno Kreisky nannte ihn einen Helden und war überzeugt, Joseph Buttinger hätte es zum Bundeskanzler gebracht, wäre er nach Österreich zurückgekehrt. Im „Goldenen Hirschen" musste ich den sympathischen alten Mann, nachdem er schlaf-

wandelte und halbnackt versuchte, alle Lichter im Haus auszuschalten, vorsichtig zurück ins Bett bringen. Der Krupp-Erbe und Jetsetter Arndt von Bohlen und Halbach, er findet sogar Erwähnung in der Autobiographie des Rolling-Stones-Gitarristen Keith Richards, und seine Frau Hetti von Auersperg, beides Stammgäste, führten damals die Prominentenlisten der Klatschpresse an und brachten mich gegen das ausdrückliche Verbot, meinen Platz zu verlassen, dazu, spätnachts vom Würstelstand Verpflegung zu besorgen. Das bemerkenswerteste Erlebnis hatte ich allerdings mit einer vermeintlichen Opernsängerin. Das Hotelpersonal war instruiert, der Dame ihre exklusiven Wünsche nicht zu erfüllen, da ein Protegé nur ihren Zimmerpreis zahlen würde und sie meist mittellos ankäme und in der Traumwelt eines aktuellen Festspielengagements lebte. So hatte ich jede Nacht Ausreden zu erfinden, warum ich das Telefonat zu Maestro Karajan nach St. Moritz nicht durchstellen konnte und die Flaschen Champagner für ihren Empfang nicht auf ihr Zimmer kommen würden. Sie war nicht wirklich zu beruhigen und kam eines Nachts, nach meinen Ablehnungen wütend, vor meine Rezeptionstheke und verlangte ein Ortsgespräch, das sie aus der Telefonzelle, damals hatten Hotels noch eigene Telefonzellen, führte. Sie rief die Polizei an und schrie um Hilfe, da sie vom Nachtportier im „Goldenen Hirschen" vergewaltigt würde. Mit Sirene und Blaulicht fuhren die Polizisten durch die Getreidegasse vor und ich hatte alle Mühe, den Sachverhalt klarzustellen und die Bösartige zu beruhigen. Am nächsten Tag ließ Graf Walderdorff die bedauernswerte Hochstaplerin in die Nervenklinik einliefern.

Mit dem „Goldenen Hirschen" verknüpfe ich aber auch Erinnerungen an meine späteren Tätigkeiten bei der „Szene der Jugend", als ich Oskar Werner oder Friedrich Gulda betreute, die natürlich auch in diesem Hotel zu wohnen pflegten und mit ihren Eigenarten bestens dorthin passten. Die Kultur Salzburgs war in den 70er Jahren geprägt von übermächtigen Festspielen, deren uneingeschränkter Herrscher Herbert von Karajan war. Noch bestand ein Landesgesetz zum Schutz der elitären Unternehmung, welches jegliche kulturelle Veranstaltungen während der Festspielzeit untersagte.

Der aus der Gewerkschaft kommende Alfred Winter hatte 1969 den Club 2000 gegründet und war mit Umweltdemonstrationen und Diskussionsveranstaltungen aufgefallen. Mit seiner „Szene der Jugend" wurde er ab 1970 zur Plattform für alternative und experimentelle Kulturformen, zum Sammelbecken für neue künstlerische Initiativen und zum Gegengewicht zum traditionellen Festspielzirkus. Eine offene, veränderungswünschende Salzburger Generation begrüßte und unterstützte die neue Initiative und fand sich zu den neuen jährlichen Sommerfestivals ein. Festspielpräsident Josef Kaut klagte Alfred Winter auch gleich, weil dieser das Wort Festival, das wohl nur den Salzburger Festspielen zustand, verwendete. Doch die Dynamik der Zeit fegte über dererlei überholtes Selbstverständnis hinweg, wie auch das Schutzgesetz für die Festspiele ohne großes Aufheben abgeschafft wurde. In der Stadt machten sich neue KünstlerInnen bemerkbar, die „Szene der Jugend" fasste deren Aktivitäten geschickt zusammen und verband die lokalen Highlights mit internationalen Künstlern und traditionellen Kunstgrößen, welche die Kulturstadt Salzburg als Auftrittsort suchten und ihre Kunst in alternativem Kontext präsentieren wollten.

Das progressive Universitätsleben und die neuen Kulturformen hatten nicht viele Berührungspunkte, aber das Salzburger Kabarett kam hauptsächlich aus der Universität und angehende KünstlerInnen der Hochschule Mozarteum prägten die Szene-Festivals, bei denen sich studentisches Publikum einfand soweit es im Sommer in der Stadt war. Sowie ProfessorInnen unterschiedlicher Fakultäten neue interdisziplinäre Methoden erprobten, drängten auch Musiker in neue genreübergreifende Musizierformen und aus den Konzertsälen in den Spielort der Alternativen, den Petersbrunnhof, und zu Auftrittsmöglichkeiten im öffentlichen Raum. Anführer dieser Veränderung war Friedrich Gulda und die „Szene der Jugend" gewann mit Klassikdissidenten wie ihm oder Gidon Kremer enorm an kulturpolitischem Gewicht.

Das abendliche Publikum, das aus dem Festspielhaus in die noblen Restaurants der Altstadt strebte, traute Augen und vor allem Ohren nicht, als es im Bürgerspitalshof auf einem Transportkarren den Klassikstar Friedrich Gulda mit einer Speisegabel einem Elektroklavier schräge Klänge entlocken sah. Neben ihm musizierte und sang Limpe Fuchs, meist barbusig und körperbemalt, während ihr Mann Paul sein originelles Fuchshorn blies. Die Musik, die diese experimentelle Anordnung hervorbrachte, nannte sich Improvisation und war in jeder Hinsicht einmalig und zeitgemäß im Ausloten neuer Klänge und jederlei Grenzüberschreitungen.

In dieser Stimmung tauchte der Ausnahmemusiker und Komponist Dieter Feichtner auf, der mit seiner Eigenart und Spielfreude nachhaltig Eindruck im neuen Musikleben und im Alltag Salzburgs erregte. Gulda bezeichnete ihn als einen der wichtigsten Musiker seiner Zeit. Der unkonventionelle Soundvirtuose passte mit seiner neuartigen Klangwelt in die Aufbruchsstimmung der 70er Jahre und erfüllte für viele Zuhörer den Wunsch nach ungewöhnlichen neuen musikalischen Erlebnissen. Feichtner hatte ohne Abschluss am Mozarteum Kontrabass und Schlagzeug studiert und in verschiedenen Jazzformationen gespielt. Doch weder die klassischen Normen noch die Vorgaben im Zusammenspiel mit anderen Musikern waren seine Sache. Der eigenwillige Musiker erreichte seine Blüte als Pionier der elektronischen Musik mit der Anschaffung mehrerer Moog-Synthesizer, die er zu einer Musikstation mit diversen Keyboards und vielen Schaltmöglichkeiten verbinden ließ. In einer blinkenden Kapsel dieser Instrumente agierte Dieter Feichtner als vielstimmiger Solist und erstaunte mit sphärisch neuen Elektronikklängen ein gebanntes Publikum.

Viele Menschen und Musiker, mit denen ich über ihn sprach, nannten Dieter Feichtner genial, doch in Wirklichkeit war er genialisch, da er seine Musik und sein Spiel nicht nachhaltig reflektierte, sondern intuitiv und rauschhaft in neue musikalische Welten vordrang. Dort entwickelten sich betörende melodische und rhythmische Variationen in einer Vielfalt von Klangfarben, wie man sie vorher kaum je gehört hatte. Seine Praxis explodierte im Jetzt und brauchte keine Theorie. Auch wenn gewisse Grundmuster erkennbar wurden und man in seiner Musik symphonische Bögen und Elemente von Volksmusik oder experimenteller Klassik finden konnte, so war sein Spiel doch immer einmalig und unwiederholbar. Er schöpfte und improvisierte aus dem Moment und wurde dabei zum Spontankomponisten. Im besten Sinn des Wortes war er ein Tondichter, ein Klangzauberer, der seine große Musikalität zu seinem Leben gemacht hatte. Living Music. Zeitgemäß wie Living Theatre und Living Dance. Diese wunderbare Fähigkeit, die Dieter Feichtner in fast jedem Moment und mit jedem Instrumentarium entwickelte, das konnten Besteck und Weingläser ebenso wie ein Holzstoß sein, barg auch immer das Risiko eines Absturzes, eines sich Verlierens in Banalitäten der elektronischen Klangweiten. Im improvisierten Jazz gibt es das Netz eines Grundgerüsts, welches den Absturz auffängt. Dieter Feichtner lehnte Hilfsmittel ab und landete musikalisch entweder im Himmel oder in der Hölle. Dies entsprach seiner Lebensbewältigung, die zwischen rauschhaften Höhen und depressiven Tiefen pendelte. Dieter war ein liebenswürdiger, geselliger, warmherziger und großzügiger Mensch, dessen Instabilität, Egozentrik und Undiszipliniertheit ihn oft in Gefühle der Einsamkeit und des Unverstandenseins und zu Verzweiflung und Depression trieben.

Sein Freund, der elektroakustische Komponist Günther Rabl, der heute ein musikalisches Werk von einhundert Stunden Tonaufnahmen Feichtners verwaltet und in Klanginstallationen vorstellt, hat Feichtners Musik an der Musikhochschule Wien gelehrt und auf CDs herausgebracht. Er schreibt:

„Dieter Feichtner verwendete sein Equipment als eine einzige, große Musikmaschine – nicht unähnlich der Art und Weise, wie man heute mit einem Laptop Musik macht. Nur mit dem Unterschied, dass er – auch wo er sich in sinfonische Welten und experimentelle Klanglandschaften verstieg – niemals den musikantischen Ansatz aus den Augen verlor. ‚Euphorismen', wie er das selber nannte. Er ‚spielte' Musik nicht, er jubilierte sie!
In den Siebzigerjahren erntete Dieter Feichtner damit enthusiastische Kritiken. Er liebte es in Kirchen zu spielen, was seiner damaligen Ästhetik entsprach – meditative langgezogene Klänge und suggestive Sequenzen. ‚Ein Hohepriester des Klanges', ‚Elektronik aus der Seele', ‚Schallgebete am Synthesizer' – so titelten die Zeitungen seiner Heimatstadt Salzburg. Der einflussreiche Melody Maker beschrieb seine Musik gar als ‚Klanglandschaften, von denen Joe Zawinul nur träumen kann'."

Dieter Feichtner war eine voluminöse Erscheinung mit wildem Lockenhaar, Vollbart und einem dicken Bauch. Immer erschien er in schlabbrigen Klamotten, die sich für den Tages- als auch Nachtgebrauch gleichwohl eignen. Er lebte bis zum Tod seiner Mutter, nur wenige Jahre vor seinem, mit ihr im Bärengässchen im Salzburger Stadtteil Mülln, in einem Haus an der Salzach. Ein Vorgarten führte zum Fluss hin und diente den Feichtners als privater Gastgarten, als Konzertbühne, als Auslauf für die Hunde und für den Marihuanaanbau. In diesem „Salettl" lag Feichtner bevorzugt in seinem Korbstuhl. Das restliche Haus, dessen Einkünfte die existenzielle Basis für Mutter und Sohn sicherstellte, wurde hauptsächlich von Menschen, die dem exzessiven künstlerischen Leben wohlwollend gegenüber standen, bewohnt. Denn fast immer bevölkerten Musiker, Gäste, Lebenskünstler, Gammler, Trinkbrüder und Schnorrer die Feichtnerwohnung. Es gab mehr als genug zu essen, zu rauchen und vor allem zu trinken. Dieter brauchte ständig Publikum um sich, die Mutter kochte vorzüglich und Schnaps und Wein gingen selten aus. In dieser Atmosphäre wurde dem Musiker gehuldigt und Feichtner spielte auf. Zum Sonnenaufgang, zur Mittagszeit und bis spät in die Nacht. Musiker aus der Umgebung und später aus der halben Welt fanden sich ein und jammten mit dem Hausherrn bis neun Uhr früh. Oft erhielt die Polizei Anrufe aus entlegenen Stadtteilen, wo gestörte Bewohner weit entfernt noch die schrägen Synthesizerklänge vernahmen.

Intellektuellem Diskurs ging der Künstler aus dem Weg. Er führte wie ein weiser Zenmeister tiefer gehende Gespräche mit Worterfindungen und Dadaismus ad absurdum. Er verfügte über ein enormes Sprachgefühl und liebte es, lautmalerisch zu phantasieren. Wenn die letzten Mitstreiter nachts schlafen gegangen waren, setzte er sich ans Telefon und wählte 00 und irgendeine fremde Vorwahl, um stundenlang in Phantasiesprachen mit unbekannten Menschen in fernen Erdteilen zu sprechen. Der Schauspieler Karl Merkatz, den Dieter Feichtner gern besuchte, sperrte für diese Fälle sein Telefon ab, da die Rechnungen nach Dieters Übernachtungen enorm anstiegen. Dieter litt unter Schlaflosigkeit und einer damit einhergehenden nächtlichen Einsamkeit. Als äußerst sensibler Zeitgenosse fühlte er sich in seiner kreativen Welt unverstanden, seine Großzügigkeit wurde ausgenützt und sein Genie verkannt. Die Unmengen Alkohols, Dieter konnte mehrere Flaschen Schnaps in Serie zu sich nehmen, überhöhten seine Glücksgefühle als kreativer Musikant, verstärkten aber auch seine Depression. Der hochsensible Gefühlsmensch konnte in Gesellschaft und bei Konzerten in Tränen ausbrechen. Johannes Voggenhuber und andere berichten von langen nächtlichen Selbstmordankündigungstelefonaten und Hilfeanrufen Feichtners. Sein Künstlertum hatte alle Anzeichen des selbstzerstörerischen, melancholischen, maßlosen und unerreichten Genies. In dieser Ausprägung war Dieter Feichtner ein zutiefst österreichischer Künstler, eine opulente, tragisch genialische Figur wie Peter Kern, Helmut Qualtinger oder Hermes Phettberg. Dieses österreichische Element der physischen und psychischen Fülle, des nachlässigen Umgangs mit sich selbst, der schwermütigen, launischen Originalität am Rande des Abgrunds begleitet von Wein in Doppellitern und einer beglückenden, trügerischen Euphorie an der Selbstinszenierung auf hohem künstlerischen Niveau übt auf Kulturmenschen eine besondere Anziehung aus. In Grenzgängern wie Dieter Feichtner spiegelt sich die eigene Freude, Traurigkeit und Verzweiflung beim Griff nach den Sternen.

Im kreativen Aufbruch der „Szene der Jugend" hatte Dieter Feichtner schnell einen festen Platz, der ihm neue Kontakte und Entwicklungsmöglichkeiten eröffnete. Bei einem Workshop in Salzburg lernte er den amerikanischen Jazzbassisten Barre Phillips kennen und die beiden Musiker harmonierten eine Weile im Duo. Phillips war Mitglied des damals populären „The Trio" des englischen Saxophonisten John Surman mit dem US-Schlagzeuger Stu Martin. Feichtner musizierte eine Zeit lang mit diesen gefragten Jazzern. Auch mit Terje Ryptal, Triluk Gurtu und Albert Mangelsdorff spielte der Salzburger Musiker. Man findet ihn auf den ECM Platten „Mountainscapes" und „Three Day Moon" aus den Jahren 1976 und 1978. Aber auch in diesen Konstellationen blieb Dieter Feichtner der Einzelgänger, der nur bedingt das Zusammenspiel unterstützte und mehr das musikalische Überraschungselement darstellte, das seine Mitspieler oft vor unerwartete Aufgaben stellte. Auch in die distinguierte Musikwelt der ECM-Aufnahmestudios passte seine Spontankraft nicht. Als „The Trio", erweitert um Feichtner, einen Monat lang mit Livemusik eine Tanzproduktion der amerikanischen Choreographin Caroline Carlson in der Pariser Oper begleitete, gab es Abende, an denen der Synthesizerspieler auch nach dem Schlussapplaus nicht zu spielen aufhörte und die Tänzerinnen und Tänzer das Beste daraus machten, indem sie auf die Bühne zurückkamen und mit ihm improvisierten. Feichtner weigerte sich auch mit den anderen Musikern im Hotel zu übernachten und residierte in seinem Wohnmobil, welches er vor der Oper parkte. Dieses Gefährt war von dem deutschen Saxophonisten Mario Rechtern, mit dem Feichtner bis an sein Lebensende immer wieder zusammenspielte, für Dieters besondere Bedürfnisse umgebaut worden. Neben einem einfachen Wohnraum war das gesamte Instrumentarium eingebaut und das Konzertgefährt überall autonom zu betreiben. Die hinteren Flügeltüren öffneten sich mit innen angebrachten Lautsprecherboxen, Feichtners Synthesizerkapsel wurde wie auf einer Art Bühne sichtbar und ein Generator sicherte den ungehinderten Betrieb in jeder Situation. Schnell und unabhängig konnte der unangepasste Musiker konzertieren und auch schnell wieder verschwinden. Nach der Spielzeit an der Pariser Oper, in der Dieter sich an Beginnzeiten, Stücklänge und eine Spielgemeinschaft zu halten hatte, zog er erleichtert weiter und verbrachte ein ganzes Jahr in seinem Wohnwagen in Südfrankreich und den französischen Alpen, wo er Spontankonzerte für ein überraschtes Publikum und schöne Landschaften gab. Auch ich hatte die Freude von einem Hügel beim Wochenendhaus meiner Familie die ländliche Innviertler Umgebung von Dieter bespielen zu lassen. Feichtner war mit seinem Musikmobil eine Art Landschaftsmusiker, der Wiesen, Wälder, Berge und Hügel bespielte und einen Dialog mit der Natur in seinen Kompositionen schuf. Er liebte die kalten Bäche der Taugl oder der Strubklamm, in die er stundenlang seine rissigen Füße steckte, er liebte Vögel und Winde, deren Gesang ihm musikalische Inspiration waren, er entkam seinen Depressionen und Rauschexzessen in Gebirgsschluchten und Waldeinsamkeiten. Gerne zog er sich bei Freunden außerhalb der Stadt zurück, um der Natur nahe zu sein und sich mit Kräutertees und Fußbädern zu entgiften. Wenn er seine Kunst zu definieren hatte, berief er sich auf Natur- und Märchenwelten. Wie Arthur Rimbaud in der Literatur sah sich Feichtner als Medium, die Musik floss durch ihn: „denn ich ist ein anderer". Auch Rimbauds Praxis von der „Entregelung aller Sinne", der Grenzüberschreitung in jeder erdenklichen Form als Weg zur künstlerischen Erfahrung ist auf Feichtner anzuwenden.

Auf öffentliche Anfragen behalf er sich mit Pressetexten wie diesem: „*Auf meinen Wanderungen durch Auen, über Hügel, tiefe Wälder, durch unberührte nebelige Gebirge, begegnete ich dem Kleinen Volk, Wesen, die die Menschen fliehen und mit denen man nur sprechen kann, wenn die Seele unbeweglich ist – dann siehst Du die Unsichtbaren und sie kommen vertraulich heran, diese Wichtel, Elfen, Hobbite und Moosmännchen, mit ihren endlosen Geschichten und langen Liedern, die sie mir erzählten und sangen. Ich habe sie mir genommen aus der Einsamkeit eisblauer Seen in eine betriebsame Welt. Diese Lieder und Märchen erwachen nun in meiner Musik, die eben doch nicht so ganz leicht hingeworfen ist, wie manche Kritiker meinen. Sie lebt aus dem Erlebnis mit dem kleinen Volk, vermischt mit meinen Gedanken und Empfindungen.*"

Dieter Feichtner hatte ein Sensorium für magische, aufgeladene Orte. Neben Naturräumen waren es die Kirchen, die er für seine musikalische Entfaltung brauchte und liebte. Unter dem grazilen gotischen Kreuzrippengewölbe der Salzburger St. Blasiuskirche oder in der eleganten monumentalen Wucht der barocken Kollegienkirche, des Meisterwerks von Fischer von Erlach, verbanden sich seine Klangkaskaden metaphysisch mit imposanter Architektur. Der sakrale Raum steht für Spiritualität, für Grenzüberschreitung. Hier findet die Sehnsucht nach Verwandlung ihre Umgebung wie auch bei dem genialischen Musikdilettanten und Zeremonientheatermeister Hermann Nitsch in der Nähe und Überhöhung katholisch üppiger Rituale. Dieter Feichtner war wie dieser ein strahlender Hohepriester, der in einem impulsiv physischen Ritual seine „Frau Moog", wie er sein elektronisches Instrumentarium zärtlich nannte, streichelte, schüttelte, schlug und zur vollen Entfaltung reizte. Verstärkt wurde die Ritualisierung einiger Feichtnerauftritte durch Lichteffekte und mystische Projektionen des Malers und Graphikers Joerg Huber, eine für damalige Verhältnisse einmalige Visualisierung zur Musik. Diese übersinnlichen Kirchenkonzerte hatten leider ein Ende, als sich Dieters Freund, der Maler Peter Engels, bei einem Konzert vor der Kollegienkirche in einer missglückten Kunstaktion anzündete, verletzte und dabei die Aufmerksamkeit und den Unwillen der Kirchenverwaltung auf die Aktion zog. Die Kirche wurde nach diesem Auftritt zur Sicherheit neu geweiht.

Auch ein bildnerisches Werk hat Dieter Feichtner hinterlassen. Er be-zeichnete jede in seiner Umgebung befindliche Unterlage mit kleinen Bleistift- und Federstrichen, die er zu Naturstrukturen und Landschaftsbildern fügte. Seine leichten Aquarellbilder, die seine Umgebung erst nach seinem Tod zu sehen bekam, entstanden wahrscheinlich in der Einsamkeit langer Nächte. Auch in ihnen scheinen sich die Wandlungen und Wallungen eines unentwegt kreativen und intensiven Gefühlsmenschen zu spiegeln.

Dieter Feichtner starb in Salzburg, am Todestag von Wolfgang Amadeus Mozart. Er war das Gegenteil des Funktionierenden, massiv wie ein Meteoriteneinschlag und ein großes Geschenk, so charakterisiert ihn Markus Hinterhäuser, der im Feichtnerhaus seine erste Salzburger Wohnung fand. Dieters späte Jahre waren geprägt von Rückzug, körperlichem Verfall, nervlicher Zerrüttung und einer zunehmenden Verwahrlosung. Die dunkle Seite seiner exzessiven Lebenswucht gewann Überhand. Seine Umgebung verstand ihn weniger denn je, er wurde noch unberechenbarer und kam im musikalischen Leben nur mehr selten vor. Dabei machte er weiterhin täglich Musik und entwickelte sich in neue musikalische Gefilde, die nur mehr wenige zu Gehör bekamen.

Noch einmal kommt hier Günther Rabl zu Wort, der über seinen Freund Dieter Feichtner sagte, dass er in seinen besten Momenten in der Musik und im Leben Dinge konnte, die vorher und nachher niemand zu Stande brachte. In seinem Waldviertler Landsitz hat Rabl für Dieter in den späten 80er und 90er Jahren in großen Räumen Aufnahmemöglichkeiten installiert, die dem Musiker Tag und Nacht offen standen und in denen er sich frei und absichtslos entfalten konnte. Dabei entwickelte sich ein neues, komplexeres Spiel:

„*Die ästhetische Wendung, die sein Schaffen in den Achzigerjahren genommen hatte, konnten manche allerdings nicht mitmachen. Als ‚too far out' empfanden das seine alten Gefährten, die über ihre stilistischen Grenzen (Jazz und Blues) nicht hinausschauen wollten. Die Kreise der zeitgenössischen Musik, deren Gebiet er damit – klanglich, nicht mentalitätsmäßig! – betreten hatte, konnten wiederum mit so viel Ungestüm und exzessivem Lebensstil nichts anfangen. Eine der wenigen Ausnahmen war Andrzej Dobrowolski, ein Pionier der neuen und elektronischen Musik. Nachdem er bei einem Festival EUPHORISMUS I gehört hatte, sagte er klar und bestimmt: ‚Er ist doch ein Komponist, der Feichtner.'"*

Die Verbreitung von Dieter Feichtners Musik durch Günther Rabl im Internet und durch die Herausgabe der CD-Box „Anthology Vol. 1" (erschienen und zu beziehen über canto-crudo.at oder discogs.com/seller/minimamedia/profile) hat ihm posthum neue Aufmerksamkeit gebracht. Heute werden seine CDs aus Japan oder Kalifornien angefragt. Hier Rabls Fazit:

„*Eine junge Generation von sinnlich und stilistisch offenen Musikliebhabern ist gerade dabei Dieter Feichtner neu zu entdecken. Die menschlichen Aspekte, Dieters bewunderte wie gefürchtete hemmungslose Vitalität, erschließen sich heute durch die Titanenhaftigkeit seiner Musik, und nicht umgekehrt. Gerne hört man die unzähligen Anekdoten, auch die schlimmen, aber die Musik steht im Vordergrund.*

Lehrreich ist auch die Erfahrung, dass einem solche musikalische Grösse jahrzehntelang medial vorenthalten werden konnte. Sie beschämt das schiefe Weltbild künstlerischer Wertigkeiten, dem wir medial ausgeliefert sind und mahnt einmal mehr dazu, die wertvollen Dinge des Lebens auf eigene Faust zu suchen, unbeirrt von gepushten Trends und affektierter Kultur."

Man könnte noch die Tourneen durch Europa oder Konzerte in türkischen Klosterhöfen erwähnen, Musik die Dieter Feichtner für Film und Theater gemacht hat oder die vielen jungen Musiker, die er ermutigt hat. Ich erinnere mich mit Freude und Respekt an den ungewöhnlichen Menschen und Künstler. Er bleibt eine Ausnahmeerscheinung in Salzburg und ein Beispiel für einen kreativ Suchenden, der Grenzen überwand und an ihnen zerbrach.

Ich danke für die Erinnerungen und Charakterisierungen von Ulrike und Martin Flatz, Markus Hinterhäuser, Gerhard Laber, Günther Rabl, Alfred Winter, Reinhold Wagenleitner, Sigi Stronegger, Hannes Krawagna und Joerg Huber, die in diese Geschichte eingeflossen sind.

Hannes Krawagna

Franz Feldinger
Günter Praschak
Karl Kodat
Lehen und die Austrianer

Der eine war Oberlehrer, Schulrat und waschechter Salzburger des Geburtsjahrgangs 1928; der Zweite, gerade einmal 13 Monate jünger, ein „Russenflüchtling" der frühen Nachkriegszeit, gebürtig aus dem nordwestlichsten Waldviertel und im zivilen Berufsleben wohlbestallter Versicherungskaufmann; der Dritte schließlich ein Wiener mit Leib und Seele, Kriegskind des Jahres 1943, gelernter Bäcker und Eisenbieger, vom Schicksal in vielen Belangen stiefmütterlich behandelt. Sozusagen zum Ausgleich dafür aber reich gesegnet mit der Gabe des virtuosen Balltretens. Womit wir bei jener Nebensache gelandet sind, die vielfach gerne als die wichtigste der Welt bezeichnet wird – beim Fußballsport.

So wenig die drei genannten Personen – es handelt sich um den Alt-Maxglaner Franz Feldinger, Günter Praschak aus Eberweis bei Heidenreichstein und Karl Kodat aus Ottakring – von Herkunft, Werdegang, Naturell, sozialem Standort und anderen Eigenheiten verbinden mochte, zwei Charakteristika haben sie als umspannende Klammer gemeinsam: ihre restlose Hingabe an ihre Lebenspassion und deren jahrelange Ausübung in jenem Salzburger Vorstadtbezirk, in dem bis in die jüngere Vergangenheit so gut wie gar nichts schillerte – außer dass dortselbst jener alltagskulturelle Sozialfaktor *Austria Salzburg* beheimatet war, der über Jahrzehnte hinweg[1] in Summe wesentlich höhere Zuschauerzahlen und eine ungleich stärkere mediale Präsenz zu verzeichnen hatte als jedes andere Veranstaltungsereignis im gesamten Bundesland.

Ein abgeschrägter, turmhoher Betonzylinder, der letzte übrig gebliebene von einst vier Trägern gleißenden Flutlichts, dessen Inbetriebnahme erst über jahrelange Gerichtskonflikte erstritten wurde[2], sowie eine abgetretene Grasnarbe, das ehemalige Spielfeld, auf dem sich nunmehr die Kinder aus der Umgebung tummeln, erinnern heute als einzige Relikte daran, dass das Areal der *Neuen Mitte Lehen* einstmals eine österreichische Fußballhochburg war, in der Generationen von Balltretern in Rufweite der benachbarten St. Vinzenz-Pallotti-Kirche ihre sportlichen Hochämter zelebrierten. Speziell ab 1953, also ab *Austria Salzburgs* erstmaliger Zugehörigkeit zur nationalen Fußballelite („Staatsliga A"), wurde Lehen gleichsam zum Synonym für die Salzburger Version des weltweit populärsten Sportvergnügens: das auch für die niederen Stände leistbare Komplementär zur Hochkultur der Salzburger Festspiele.[3]

Es gehört allerdings zu den kuriosesten Treppenwitzen der Fußballhistorie, dass ausgerechnet die größten Triumphe ihrer jeweiligen Ära von den gemeinhin als „Lehener Violette" bezeichneten Kickern andernorts gefeiert wurden: Als sich *Austria Salzburg* anschickte, im Spieljahr 1970/71 ihren ersten Höhenflug in den alpenrepublikanischen Fußballhimmel mit dem Meistertitel zu krönen, geschah dies am anderen Salzachufer – in Itzling. Denn auf ihrem angestammten Areal wurde von 1969 bis 1971 gerade das neue *Lehener Stadion* errichtet. Das war damals Österreichs modernste Fußballarena mit einer amtlich kommissionierten Fassungskapazität von 17.400 Besuchern. Beim ersten der dort ausgetragenen neun Länderspiele[4], jenem gegen Malta am 30. April 1977, drängten freilich jenseits aller behördlichen Vorgaben sogar geschätzte 21.000 Schaulustige in die Betonburg.

Rund zwei Jahrzehnte später waren die Sicherheitsregularien der Fußballgremien dermaßen verschärft, dass bei internationalen Bewerbsspielen nur noch rund 5.000 Zuseher ins Stadion durften – um ein Vielfaches zu wenig, um dem Publikumsinteresse an den *UEFA-Cup-*Heimmatches der mittlerweile zum heimlichen Nationalteam arrivierten Salzburger auch nur entfernt gerecht zu werden. Also musste erneut übersiedelt werden. Diesmal ins Wiener Prateroval, das damals bereits nach der 1992 verstorbenen Fußballikone Ernst Happel benannt war.[5]

Der ganz große Wurf, nämlich die genannten Bewerbe als Sieger zu beenden, ist der Austria übrigens in beiden Fällen versagt geblieben. Das Championat 1970/71 beendete sie als „Vizemeister" hinter *FC Wacker Innsbruck*, den *UEFA-*

Cup 1993/94 als unterlegener Finalist gegen den italienischen Milliardenklub *FC Inter Mailand*. Aber geschwärmt wird unter den jeweiligen Zeitzeugen von beiden Ereignissen bis in die Gegenwart.

Die Austria-Gründung

Wie *Austria Salzburg* überhaupt entstanden ist, das weiß hingegen heute niemand mehr aus eigenem bewusstem Erleben. Selbst die beiden ältesten noch lebenden Austria-Spieler, Hans Hager und Toni Fischer, beide heuer im April 89 Jahre alt geworden, waren bei der Vereinsgründung gerade erst „Taferlklassler". Die Gnade meiner frühen Geburt hat mir diesbezüglich wenigstens ein beträchtliches Kapitel *oral history* beschert: stundenlange und natürlich penibel protokollierte Erzählungen der drei Gründungsmitglieder Sepp Schwanzer, Walter Moser und Josef Prorok, die in den nachfolgenden Exkurs über die Vor- und Gründungsgeschichte jenes Gebildes einfließen, das dem dichtest besiedelten Stadtteil der Landeshauptstadt fast sieben Jahrzehnte ein schillerndes Gepräge verliehen hat.

Als dem damals noch mäßig verbauten Überschwemmungsgebiet zwischen Glan und Salzach im September 1933 von einem umtriebigen jungen Sportfunktionär namens Josef „Brandi" Brandstätter ein neuer Fußballklub implantiert wurde, da waren weder die ansehnliche Karriere des Gründers noch der hochreputative Werdegang des Vereins zu erahnen.

Am Vorabend der Februar-Tumulte des Bürgerkriegsjahres 1934 hatte „der rote Brandi" – später SPÖ-Gemeinderat, Stadtwerkedirektor und als langjähriger Präsident des *Salzburger Fußballverbands* einer der Gründungsväter der *Österreichischen Fußball-Bundesliga* (1974) – ausgerechnet einen als „bürgerlich" punzierten Verein (*FC Hertha Salzburg*, bis dahin zunächst auf der Rainbergwiese in Riedenburg, danach auf der Kolpingwiese in Freisaal beheimatet) mit „seinem" erzroten Fußballklub namens *FC Rapid Salzburg* in einer Nacht- und Nebelaktion zu einem gemeinsamen Produkt versammelt. Brandstätters Netzwerker-Geniestreich, zum guten Ende gebracht in zwei Geheimsitzungen im *Café Mozart* bzw. im *Gablerbräu*, war sowohl gesellschafts- als auch sportpolitisch motiviert, um der damals führenden Kraft, dem von den Nazi-Vorboten in Großteilen seiner Funktionärsgilde betont deutschnational akzentuierten SAK 1914, sportlich sowie auf Verbandsebene Nennenswertes entgegenzusetzen.

Der neue Verein nannte sich SV *Austria Salzburg*, seine Klubfarben waren violett-weiß und seine frisch vereinten Protagonisten gönnten sich zur Feier der Gründung gleich zwei Gemeinschaftsbesuche, von denen die vergilbten, aber sorgsam verwahrten Eintrittskarten in Schwanzers „Nostalgie-Archiv" Zeugnis gaben: Den ersten absolvierten sie zwischen den genannten Geheimsitzungen im *Circus Rebernigg*, der gerade im Franz-Josef-Park (dem heutigen Volksgarten) gastierte; übrigens just an jenem 11. September 1933, an dem Engelbert Dollfuß auf der Wiener Trabrennbahn sein Programm zur Errichtung eines autoritären Ständestaats proklamierte. Und nach vollzogener Fusion gestatteten sich die Neo-Austrianer ein ansonsten eher selten genossenes Vergnügen: eine Abendvorstellung im *Lifka-Kino* (heute: *Das Kino*) in der Imbergstraße, wo soeben der Tonfilmhit „Ein Lied geht um die Welt" mit dem gefeierten Tenor Josef Schmidt und mit Viktor de Kowa in den Hauptrollen lief.

Für den Spielbetrieb musste gemäß den Vereinsfarben eine neue Spielkleidung her, eine geeignete Spielstätte indes war bereits vorhanden, eingebracht von dem in Lehen angestammten Vorläufer *FC Rapid Salzburg*. Dieser tiefrote Arbeitersportklub war am 5. Mai 1928 im *Gasthof Kraiseder* entstanden. Seine Mitglieder, durchwegs in sehr bescheidenen Verhältnissen im damals noch äußerst dünn besiedelten Vorstadtviertel Lehen aufgewachsen, zahlten voll Stolz monatlich 40 Groschen Mitgliedsbeitrag. Auch jene, die seit Monaten arbeitslos waren und sich alles buchstäblich vom Mund absparen mussten. Aber ihre kargen Lebensumstände hinderten die Rapid-Kicker nicht daran, bald nach der Vereinsgründung in Eigenregie einen holprigen Wiesengrund zwischen der Schießstattstraße und der Siebenstädterstraße zu pachten – just dort, wo seit den 1950er Jahren die sogenannten *E-Werksbauten* (Groß-Lehen) stehen.

Diese saure Wiese hätte früher schon einmal dem Deutschen SV[6] als Sportstätte dienen sollen. Aber bereits bei seiner Einweihung hatte sich das Spielfeld als ausgesprochener „Krautacker" entpuppt – schon beim Spatenstich durch Bürgermeister Richard Hildmann flüchteten die Wühlmäuse in Scharen aus dem Erdreich. Und beim anschließenden Eröffnungsturnier, das nach einem feierlichen gemeinschaftlichen Marsch aller vier teilnehmenden Mannschaften vom *Sternbräu* nach Lehen unter Musikbegleitung der *Radetzky-Kapelle* im strömenden Regen vonstattenging, wurde die „Hügellandschaft" irreparabel ramponiert; die 1:9-Schlappe des *Deutschen SV* gegen *Hertha Wels* war noch das geringste Übel. Jedenfalls blieb der Platz in der Folge dermaßen holprig, dass der Spielbetrieb auf dieser berüchtigten Gstätt'n nach einem Jahr 1924 wieder aufgelassen wurde – und mit ihm auch der *Deutsche Sportverein*.

Zum Zeitpunkt der Austria-Gründung war dieses rund hundert Meter lange und sechzig Meter breite Areal aber nun ein richtig fescher Fußballplatz. Dafür hatten die Rapid-Kicker in unzähligen freiwilligen Arbeitsstunden gesorgt und die Sportstätte auch noch mit dem letzten Schliff versehen – mit einer Umplankung. Das Holz dafür hatte der Thalgauer Getränkehändler Schwertl besorgt. Dafür durfte er fortan bei den Spielen den Ausschank von Bier und Limo betreiben.

Reich konnte Schwertl in diesen Tagen davon allerdings nicht werden. Denn das Zuschauerinteresse kam hierorts bei Weitem nicht an die Begeisterung heran, mit der die Kicker am Werk waren. Wenn einmal 300 Leute zu einem Spiel kamen, war das schon bemerkenswert.

Ja, in Wien, da hatte der Fußball längst schon seinen Siegeszug angetreten und schwebte gerade in den frühen 1930er Jahren mit dem Siegeszug des „Wunderteams" und den Erfolgen der österreichischen Vereine im *Mitropacup*[7] auf Wolke sieben. Zu den Länder- und *Mitropacup*-Spielen überfluteten wahre Zuschauermassen die *Hohe Warte* in Döbling, damals das größte Stadion im ganzen Land. Gute Spieler konnten sogar schon seit Jahren gediegen von der Kickerei leben, vor allem seit 1924, als die höchste Spielklasse als Profi-Liga geführt wurde. Und es war nicht nur „das gemeine Volk", das dem Fußballvergnügen frönte. Auch die Künstler- und Literatenszene von Friedrich Torberg[8] über Hans Weigel[9] bis hin zu Georg Stefan Troller[10] nahm sich mit schwärmerischer Hingabe der Kunst des Balltretens an, der Komponist Alban Berg pflegte, wie wir vom Wiener Literaturwissenschaftler Wendelin Schmidt-Dengler wissen, als glühender Rapid-Anhänger über Fehlentscheidungen des Schiedsrichters oftmals völlig aus dem Häuschen zu geraten und sogar der in Nachbarschaft zur Hütteldorfer Pfarrwiese[11] wohnende Elias Canetti begann sein Hauptwerk *Masse und Macht* mit dem weithin lautstark hörbaren Fußball-Enthusiasmus des Rapid-Publikums.[12]

In Salzburg, wo schon damals alles auf den Skisport ausgerichtet war, die Radrennen einen Riesenboom erlebten und die Turnvereine, allen voran der ideologisch tonangebende deutschnationale *Salzburger Turnverein (STV)*, größte gesellschaftliche Anerkennung genossen, steckte Fußball hingegen noch in den Kinderschuhen. Zudem wurde er hierzulande vielfach (speziell von den Turnern) als „Proletensport" und „Rohlingsmode" abqualifiziert und war daher auch nur sehr beschränkt gesellschaftsfähig.[13] Lediglich die beiden Pioniervereine im Süden Salzburgs, der *SAK 1914* und der *1. SSK 1919* mit ihren meist aus Studenten besserer Kreise rekrutierten Teams, galten als noblere Adressen und zählten bei ihren Derbys viele Zuschauer, bei Partien gegen klingende auswärtige Klubs sogar bis zu 3000. Und sie hatten auch schon renommierte Persönlichkeiten in ihrer Vorstandschaft – der in Hellbrunn beheimatete *1. SSK 1919* zum Beispiel auch den späteren Festspielpräsidenten Bernhard Paumgartner.

In Lehen hingegen ging es weniger vornehm zu. Keinen Steinwurf vom Austria-Platz entfernt waren 1929-31 die zwölf Flachdachbauten der berüchtigten Scherzhauserfeldsiedlung errichtet worden – „*ein Schreckensviertel ... als ob die Stadt davon Abstand haben wollte*", wie Thomas Bernhard, der 1947 beim dortselbst lozierten Gemischtwarenhändler Podlaha eine Kaufmannslehre begann, in seiner autobiographischen Schrift *Der Keller*[14] das gängige Image dieses ärmlichst ausgestalteten, lumpenproletarischen Wohnghettos für Delogierte, Barackenbewohner und andere Outcasts subsummierte. Platziert war es zudem direkt im hochwassergefährdeten Gebiet, das diese Gegend am nördlichen Stadtrand zwischen Glan und Salzach bis zur Glan-Regulierung im Jahre 1935 immer noch war.[15]

Im September 1933 kostete ein Schnitzel fünf Schilling. Dafür musste der damals 22-jährige Maschinenschlossergeselle Sepp Schwanzer aus der Lehener Hans-Sachs-Gasse im Betrieb seines Chefs Heimerl im vornehmen Stadtteil

Riedenburg fünf Samstagsstunden arbeiten. Sechzig Groschen hatte er nach seiner Gesellenprüfung vor vier Jahren als Stundenlohn bekommen, seither alljährlich um zehn Groschen mehr. Stolze 16 Schilling legte der stramme Verteidiger nun für neue „chromlederne" Fußballschuhe auf den Tisch. Im Tor stand sein Busenfreund Walter Moser. Der war Metzgergeselle in der Fleischhauerei Anton Rass in der Ignaz-Harrer-Straße. Und weil sein Dienstherr an den Fußballern einen Narren gefressen hatte, ließ er an den Spieltagen immer ansehnliche Reste vom Faschierten im Fleischwolf. „Die habe ich dann beim Maschin'-Putzen für uns als Mannschaftsjause mitnehmen dürfen – damit wir Kraft haben für 90 Minuten", erinnerte sich Moser noch sechzig Jahre später tief dankbar an diese kostbare naturale Sportförderung. Fleisch gab's in den Arbeiterfamilien ja – wenn überhaupt – höchstens an Sonntagen. Und das war auch nach Kriegsende nicht anders.

Franz Feldinger

Der Sportplatz hingegen war 1944 in einen Schrebergarten verwandelt worden und die Austrianer mussten durch den Verlust der Spielstätte vorübergehend in den Volksgarten übersiedeln. Unter ihnen machte auch ein blutjunges Ausnahmetalent aus dem erst 1935 eingemeindeten Alt-Maxglan auf sich aufmerksam: ein Gymnasiast namens Franz Feldinger aus der Seeauergasse. Der trat 1948 als Junglehrer in den Schuldienst ein.[16]

Zu diesem Zeitpunkt wurde bereits wieder in Lehen gespielt. Denn zwischen dem 1940 errichteten Heeresbau (Rosengasse/Tulpenstraße) auf der einen sowie der Roseggerstraße auf der anderen Seite hatte die Stadt den Grund für ein „Stadion" bereitgestellt, sodass die Austrianer am 8. Juni 1946 wieder in ihrem Stadtteil den Sportbetrieb aufnehmen konnten.

Lehen war durch den ab 1924 zögerlich begonnenen und später stark forcierten Sozialbau in den ersten Nachkriegsjahren auf knapp 8.000 Einwohner angewachsen[17] und der Bedarf an der Sozialeinrichtung Sportplatz in nächster geografischer Nähe enorm. Geändert hatte sich ansonsten gegenüber der Vorkriegszeit wenig. Wie ihren Ernährungsmangel hatten die Kicker auch ihr Stammlokal beibehalten, den *Gasthof Dietmann* an der Ecke Gaswerkgasse/Ignaz-Harrer-

Straße. Und Fußball wurde nach wie vor als reiner Amateurbetrieb begeisterter Dilettanten betrieben.[18] Die meisten Spieler waren in unmittelbarer Umgebung ansässig, so auch der neue Sektionsleiter, Schuldirektor Max Breitenfelder. Er hatte Josef Brandstätter, den Spiritus Rector der Klubgründung, beerbt. Auf „Brandis" sportlicher Agenda stand fortan die Funktion „Verbandskapitän" beim 1946 wiedergegründeten *Salzburger Fußballverband*.

Inzwischen avancierte der von der Natur mit einer veritablen Dressmann-Optik bedachte Feschak Feldinger immer mehr zum unbestrittenen Star und bald auch zum Kapitän der aufstrebenden Mannschaft. Aus seiner Lehrertätigkeit resultierte zusätzliche Anerkennung: Sein pädagogisches Geschick sicherte ihm beste Dienstbeschreibungen der Vorgesetzten und ein Höchstmaß an Beliebtheit bei Schülern und Eltern. Sportlich war der groß gewachsene Modellathlet, ob seines Laufvermögens oft als „Eisenlunge" tituliert, aus der Salzburger Landesauswahl nicht wegzudenken. Und gemeinsam mit zwei Klubkollegen, dem Torwart Rudi Krammer und dem späteren AMS-Direktor Hermann Hochleitner, wurde er sogar in die Österreichische Olympiamannschaft für die Sommerspiele 1952 in Helsinki berufen.

Bestrebt, auch in der medialen Wahrnehmung gut wegzukommen, unterhielt Feldinger stets ein amikales Verhältnis zu Kurt Bernegger[19]. Der vormalige Handballer war als Sportchef der *Salzburger Nachrichten* aufgrund seiner oft ätzend scharfen Kritiken bei den Aktiven weithin gefürchtet. Sogar die Respektsperson Feldinger bekam im persönlichen Gespräch den Zynismus des Zeitungsfritzen ab: „Deine Pferdelunge und mein Hirn würden in Kombination einen Nationalspieler ergeben", kriegte er etwa zu hören, als sich die beiden im Juni 1954 zur hierorts ersten Inbetriebnahme einer italienischen Espresso-Maschine im *Café Wernbacher* in der Franz-Josef-Straße einen großen Braunen für stattliche 3,50 Schilling genehmigten.

Bernegger traf mit derlei Sarkasmus keinen Unbedarften der schrägen Anrede. Denn klubintern war es mit der ungeheuren Popularität, die Feldinger in der Öffentlichkeit genoss, etwas weniger weit her. Jedenfalls paarte sich vor allem bei seinen Trainern und manchen jüngeren Mitspielern die Ehrfurcht vor dem Kapitän mit nackter Furcht vor der messerscharfen Eloquenz des redegewandten Oberlehrers.

Bei der Heimkehr der Austrianer von ihrer Indonesien-Tournee im August 1955 etwa empfingen Klubchef Karl Sachs und der inzwischen neu verpflichtete Trainer Josef Graf die Mannschaft. „Und das hier", stellte Sachs dem neuen Coach den Kapitän vor, „und das ist Franz Feldinger, unser ‚Salzburger Walter Nausch'."[20] Graf nickt devot und verbeugt sich: „Freut mich sehr, ich hab' schon viel von Ihnen gehört." Feldinger: „Ich von Ihnen noch nie etwas ..."

Als Graf wenige Tage darauf im Training eine Anweisung zu geben versuchte, erläuterte ihm Feldinger im Befehlston, wie hier der Hase zu laufen und Graf zu funktionieren habe: „Jetzt hör'n S' einmal gut zu: Wenn jemand vom Vorstand beim Training zuschaut, dann tun wir, was Sie wollen. Wenn aber niemand da ist, tun Sie, was wir wollen – kapiert?" Graf hatte kapiert. Dennoch währte sein serviles „Strohmann-Dasein" nur sieben Monate.

Drei Jahre später stieß der 20-jährige Adi Macek zu den Violetten. Auch er bekam alsbald Kostproben der spitzen Feldinger-Zunge serviert. Etwa, als Austria infolge zweier grober Macek-Schnitzer gegen GAK 1:2 verlor: „So viele schöne Sportarten gibt's, du bist in Grödig daheim, da geht's doch so wunderbar zum Schifahr'n – warum musst du ausgerechnet Fußball spielen?" Ähnlich beißende Worte kriegte der spätere Nationalspieler[21] noch mehrmals aufgetischt – und mehr als einmal trieb ihm der Kapitäns-Spott vor versammelter Mannschaft das Wasser in die Augen.

Günter Praschak

Jede Äußerung der nämlichen Sorte verkniff sich Feldinger allerdings gegenüber einem anderen Teamkollegen mit ähnlichen Alpha-Tier-Attitüden. Dessen Name: Günter Praschak. Er war 1946 seinem Vater Hans, einem Schneidermeister aus dem Waldviertel, aus der sowjetischen Besatzungszone nach Salzburg gefolgt. Die Demarkationslinie hatte Praschak jun. schwarz passiert – im Gepäcksnetz unter den Waggonsitzen. Und sein Chef-Naturell dürfte erblich erworben gewesen sein – vom Opa. Der Großbauer war im 300-Seelen-Nest Eberweis bei Heidenreichstein Feuerwehrhauptmann, Bürger- und Kapellmeister in Personalunion gewesen.

Im Gegensatz zum strikten Amateursportler Feldinger erkannte Praschak im Fußball auch schon bald einen zusätzlichen Erwerbszweig zu seinem Disponentenjob bei der *Anglo-Elementar*-Versicherung. Dieser Geschäftssinn, gepaart mit unstillbarem sportlichen Ehrgeiz, führte seinen Karriereweg deshalb auch von seinem ersten Salzburg-Domizil *SAK 1914* zunächst zum Linzer Nobelklub *LASK*, ehe er 1955 bei der mittlerweile ebenfalls in die *Staatsliga* aufgestiegenen *Austria Salzburg* landete. Dort bildete er mit Feldinger jahrelang ein Mittelfeldduo, das für höchste Einsatzfreude und gnadenlosen Kampfgeist bis hin zur Selbstverleugnung stand. Als er 1963 im Match gegen Feldkirch einen Nasenbeinbruch erlitt, renkte sich Praschak das schief stehende Riechorgan in der Halbzeitpause selbst wieder ruckartig ein und erzielte danach auch noch das Siegestor – per Kopfball wohlgemerkt …

Mit seinem Hang zum Kommando erklomm er schlussendlich schon als Aktiver den Führungsposten des Spielertrainers – und beendete als solcher 1963 abrupt die Langzeitlaufbahn seines Pendants Feldinger, indem er diesen nicht mehr für die Kampfmannschaft nominierte. Bis dahin hatten die beiden ihre schwelende Rivalität nie offen gezeigt. Von Stund' an aber mied Feldinger nun nicht nur jeden Kontakt zu Praschak, sondern bis zur 1989 erfolgten Überreichung einer Ehrendauerkarte durch den nachmaligen Klubchef Rudi Quehenberger auch jeden Matchbesuch. Seiner Popularität bei den Anhängern, seinen in feinster druckähnlicher Tintenschrift säuberlich aufgelisteten Spielprotokollen und seinen bis heute bestehenden Rekorden konnte auch der als brutal empfundene Karriere-Schlusspfiff durch seinen langjährigen Partner nichts anhaben: Franz Feldingers 46 Spiele für die Landesauswahl und 687 Einsätze (inklusive Freundschaftsspielen) in der Austria-Kampfmannschaft (1945–63) sind und bleiben unerreicht.

Praschaks Kickerleben indes ging weiter.[22] 1966 beendete er seine aktive Laufbahn, avancierte zum hoch angesehenen Generalmanager der Austria und stellte als Vordenker des modernen Fußball-Business die Weichen für den Aufstieg zu einem Spitzenklub. Nicht nur, indem er den Gemeindevätern mit dem Bau einer modernen Sportarena anstelle der „Lehener Gstättn" ständig in den Ohren lag und den damaligen Bürgermeister Alfred Bäck mit den Worten: „Und deine Wähler, die Hackler – die willst im Regen stehen lassen?", auch noch zu einer Stehplatzüberdachung drängte. Sondern auch, indem er dank seines merkantilen Talents namhafte Sponsoren zu Investitionen bewog und das akquirierte Geld geschickt für die Herbeiholung guter Spieler nützte. Nichts könnte freilich Praschaks Fähigkeit der effizienten Kontaktpflege besser illustrieren als sein säkularer Coup, beim früheren Lehener Stadtpfarrer Johannes Baumann das Einverständnis zu einer Spielaustragung am Karfreitag zu erwirken.

Karl Kodat

Einer der größten Fischzüge war dem stets auf bestes Auftreten und noble Eleganz bedachten „Sir" bereits einige Jahre zuvor geglückt: die Verpflichtung von Karl Kodat. Der Fußball und die Fähigkeit, das Spiel perfekt zu zelebrieren, hatten das Dasein dieses Ottakringer Arbeiterkindes von Jugend an bestimmt. Dennoch verlief seine Karriere alles andere als bilderbuchgleich. Den frühen Nachwuchsjahren beim damaligen Topverein *Wiener Sportclub*, der nur ein paar Steinwürfe weit von seiner Wohnung beheimatet war, folgte nämlich eine Bäckerlehre, deren strapaziösen physischen Anforderungen bald der geliebte Fußball als Leistungssport zum Opfer fiel. Just in den besten Teenie-Jahren trickste, zauberte und schoss das begnadete Talent nur mehr hobbymäßig im Firmenteam von *Siemens-Schuckert*. Zumal sich Halbwaise Kodat zusätzlich bei einem Altmetallhändler, dem Sportklub-Außendecker Alois Jaros, als Eisenbieger verdingte, um den eigenen Lebensunterhalt und den seiner invaliden Mutter zu bestreiten. Die war beim Wäschewaschen im Gebäudehof von einem Blitzschlag getroffen worden.

Erst mit 19 setzte Kodat besagtem Hobby-Kicker-Intermezzo ein Ende. Allerdings war auch sein Beitritt zum *FC Alt-Ottakring* beileibe noch kein Indiz für einen Steilaufstieg in höchste Fußballgefilde. Denn der Klub dümpelte im tiefsten Unterhaus umher. Mit seinen brillanten Fähigkeiten machte der ob seiner filigranen Statur als „der Dürre" titulierte Kodat indes bald auch den Talentespähern der Promiklubs lange Zähne – und nach zwei abgeblockten Lockrufen von Ex-Teamchef Pepi Argauer, dem „Scout" von *Austria Wien*, folgte er schließlich doch dem reizvollen Angebot des Großvereins.

Die Adelung zum großen Fanmagneten sollte dennoch erst später erfolgen – in Salzburg.

Man schrieb den Juli 1967. Gerhard Hanappi war längst im Ruhestand und Horst Nemec, mittlerweile mit 128 Kilo Leibesfülle ausstaffiert, von *Austria Wien* bereits ins *Vienna*-Asservat verfrachtet worden. Also war es hoch an der Zeit, sich ein neues Objekt kultischer Bewunderung zuzulegen.

Der Zufall machte die Kür zum Kinderspiel. Günter Praschak implantierte für die Schnäppchen-Ablöse von insgesamt 330.000 Schilling seinem damals noch eher schwachbrüstigen Aufsteiger-Team unter anderem auch zwei Akteure von *Austria Wien*: den 20-fachen Nationalspieler Horst Hirnschrodt und dazu ein sogenanntes Enfant terrible. Diese Bezeichnung hatte sich der schmächtige Fußball-Feinmechaniker Karl Kodat durch die mutwillige Zerstörung des Nasenbeins seines provokanten *GAK*-Gegenspielers namens Adi Hammer eingehandelt – und sich mit diesem Fausthieb auch so weit von den noblen Imageansprüchen des *FK Austria Wien* entfernt, dass er von seinem Vereinsboss Joschi Walter und Trainer Ernst Ocwirk umgehend in die tiefste Fußballprovinz deportiert wurde.

Fortan hatte Salzburg auch Festspiele für „uns da unten" – und wir direkt vor der Haustür eine neue Kultfigur für unsere Fußball-Obsession. Mir war nämlich die proletoide Außendarstellung meines neuen Lieblingskickers völlig wurscht, und alsbald prangte an meiner Zimmertür im Studentenheim *Paracelsus* in der Konrad-Laib-Straße ein selbst verfertigtes Poster mit dem blasphemischen Credo „Kodat ist mein einziger Gott – und ich bin sein Prophet!"

Kurzum: Alles war happy, die Klubführung, die Mitspieler und wir Fans – nur Kodat selber (zunächst) nicht: *Wacker Innsbruck* hätte ihm ein weitaus besseres Angebot gemacht, aber Joschi Walter wollte keinen Titelrivalen mit dem Superstürmer verstärken. Unter Androhung der Freigabeverweigerung zwang er den Ausgemusterten förmlich nach Lehen. Was der *Austria Wien*-Chef damals wohl noch nicht ahnte: Im Gefolge dieser Spielerverfrachtungen nach Salzburg, wo Praschak danach auch noch weitere Hochkaräter, wie etwa den deutschen Nationalspieler Peter Grosser holte, wurden die hiesigen Violetten so stark, dass sie schließlich den Wiener Namensvetter überflügelten. Und das, obwohl sie wegen des Stadionbaus gar keine eigene Heimstätte mehr hatten und auf den ASV-Platz nach Itzling ausweichen mussten.

Der Wandel der sportlichen Kräfteverhältnisse fand seine markanteste Manifestation in einem Direktduell der beiden Austria-Teams an einem schneereichen Sonntag Anfang März 1971: Salzburg gewann 6:0 – und der Hauptprotagonist dieses Fußballfestivals hieß Karl Kodat: Sein „Viererpack" bei diesem „Schneewalzer" war ein einziges Brillantfeuerwerk, das ihm auch die Tür ins Nationalteam öffnete.

Das beste seiner fünf Länderspiele absolvierte er in Südamerika vor ganz großer Kulisse: 130.000 Zuseher erlebten am 11. Juli 1971 in Sao Paulo beim Team-Abschiedsspiel des brasilianischen Fußballgottes Edson Arantes do Nascimento, Künstlername: Pelé, neben dem 1000. Tor des Weltstars auch einen grandiosen Kodat. Aber die Riesenfreude, die seine große Salzburger Fangemeinde beim damaligen 1:1 gegen den Weltmeister über seine Galavorstellung empfand, war alsbald getrübt von heftigem Trennungsschmerz. Denn Kodats Bravourleistung gab für *Royal Antwerpens* Präsident Eddy Wouters endgültig den Ausschlag, weit tiefer als ursprünglich kalkuliert in die Tasche zu greifen und das Objekt seiner Begierde für 1,4 Millionen Schilling Ablöse nach Belgien zu lotsen.

Zwei Beispiele illustrieren nicht nur das Ausmaß, sondern auch die Nachhaltigkeit der ungeheuren Popularität, die sich der Ballartist im Verlauf von sechs höchst erfolgreichen Jahren landesweit erworben hat: Als ihn *Austria Salzburg* im Herbst 1993 anlässlich der *UEFA-Cup*-Konfrontation mit *Royal* schon im Vorfeld des Spiels als „Ambassador" nach Antwerpen entsandte, riss sich auch noch 16 Jahre nach seinem Abschied die millionenschwere flämische Hautevolee eine Woche lang tagtäglich darum, den einstigen Kultkicker, den sie „de blanke Pelé" (= weißer Pelé) nannten, bei sich als Gast haben zu dürfen. Und am Matchtag wurde eigens zu seinen Ehren im neu erbauten Business-Club des alten *Bosuil*-Stadions nur feinste Wiener Küche serviert und Schrammelmusik gespielt.

Sieben Jahre danach erfuhr Kodat noch bedeutsamere Ehren: Da wurde er zum „besten Belgien-Legionär des Jahrhunderts" gekürt – und das, obwohl auch international höchstrenommierte Großkaliber wie Rob Rensenbrink, Jean-Pierre Papin, Arie Haan, Frank Arnesen, Lothar Emmerich, Horst Hrubesch und viele mehr zur Wahl gestanden wären.

Doch bei allen sportlichen Triumphen, bei aller Popularität und Anerkennung, die ihm in der Fremde entgegen schwappte – seine Heimkehr nach Salzburg (1977) war dem mittlerweile 34-Jährigen eine Herzensangelegenheit. Immerhin hatten ihm seine Belgien-Einkünfte ja auch ein schmuckes Haus in Anthering beschert. Und da es auch um seine Leistungsfähigkeit immer noch bestens bestellt war, erlebte Fußball-Salzburg noch eine zweite Kodat-Festspielära. Sie dauerte drei Jahre.

Weil ihm nach Karriereende auch sein Zivilberuf als Stromkontrollor bei den *Salzburger Stadtwerken* durchaus behagte, schienen beste Vorzeichen für ein zufriedenes weiteres Dasein gegeben. Aber das Schicksal ließ sich davon nicht steuern und hatte immer wieder neues Ungemach parat. Der schmerzlichste Tiefschlag war wohl der Treppensturz seiner Gattin Renate, die dadurch zum Pflegefall wurde. Mit welch liebevoller Geduld sich Karl der Betreuungsaufgabe widmete, sagt alles über Charakterstärke, unverbrüchliche Treue und Hingabe dieses außergewöhnlich bescheidenen Menschen. Eitelkeiten aller Art waren ihm ebenso fremd wie Neid oder materielle Gier. Deshalb blieb er auch selbst zu Zeiten größter sportlicher Höhenflüge stets authentisch und erdnah.

Um ihm Freude zu bereiten, genügten die kleinen Dinge des Lebens: Die Konversation mit Freunden an seinem Stammtisch im *Guten Hirten* oder ein Wiener Schnitzel mit Erdäpfelsalat und einer Flasche *Clausthaler*. Eine DVD von *Toni Strobl und den Spitzbuam* oder von seinem Gala-Länderspiel in Brasilien. Selbst aufwandsarme Kleinigkeiten wie die Digitalisierung seiner marod gewordenen, uralten Musikkassetten mit den heiß geliebten Wiener- und Heurigenliedern erfüllte ihn mit sichtlicher Dankbarkeit. Und wenn jemand Dritter die glorreichsten Momente seiner langen Fußballkarriere reminiszierte oder wenn ehemalige Salzburger Mannschaftskollegen seine Leidensfähigkeit priesen, mit der er in den 1960er Jahren selbst auf der damaligen knochenharten, steinigen Trainingsgstätt'n unter Missachtung jeden Schmerzes mit genagelten Stollenschuhen trainierte, stand ihm die stille Genugtuung, nicht vergessen zu sein, ins Gesicht geschrieben.

Seine nachhaltige Verankerung im Gedächtnis der Hinterbliebenen fand eine letzte eindrucksvolle Bestätigung bei seiner Verabschiedung am 8. März 2012 am Antheringer Friedhof. Zu den Klängen der elegischen „Gassenkinder"-Hymne des Ottakringer Wienerliedermachers Horst Chmela versammelten sich da Freunde und Verehrer aus ganz Österreich – und volle 35 Jahre nach Kodats Abgang vom *FC Royal Antwerpen* ließ es sich dessen eigens angereister Generalsekretär Paul Bistiaux nicht nehmen, neben einer berührenden Trauerrede auch ein eigens gefertigtes Kodat-Trikot und einen wunderschönen Kranz am Grab zu hinterlassen.

---

1   Der 1933 gegründete SV Austria Salzburg existierte als solcher bis zur Übernahme durch den Getränkekonzern *Red Bull* bis April 2005. Ab 1973 (Gerngross) fand sich der jeweilige Hauptsponsor auch im Vereinsnamen wieder: 1976 Sparkasse, 1978 Casino und 1997 Wüstenrot. Seit der Übernahme durch Red Bull heißt Austrias Rechtsnachfolger FC Red Bull Salzburg.

2   Die Errichtung der Flutlichtanlage war der Stadt im Zuge des Stadionneubaus vorerst noch zu kostspielig erschienen. Die Folgen der Bauverzögerung: Einige Stadionanrainer forderten beim Verwaltungsgerichtshof eine finanzielle Entschädigung für die künftige „Licht- und Lärmbelästigung". Bis auf einen zogen nach und nach alle Beschwerdeführer ihre Klagen zurück. Der Rechtsstreit ging bis zum Höchstgericht und wurde erst 1982 endgültig entschieden – zugunsten der Stadt als Flutlichteigentümerin. Die Tiefstrahler (170 Hochleistungsscheinwerfer mit einer Kapazität von 1.200 Lux) waren aber bereits 1974 – ungeachtet des laufenden Verfahrens – montiert und betriebsbereit. Eine 45-minütige Premiere feierte die neue Lichtanlage am 14. April 1974 im Match gegen Eisenstadt. Zur offiziellen Einweihung am 27. April 1974, dem 30. Geburtstag der Austria-Ikone Turl Kibler, gastierte das österreichische Nationalteam – das Spiel endete 1:1.

3   Das Lehener Stadion wurde 1969 bis 1971 nach den Plänen der Architekten Hanns Wiser und Jakob Adlhart mit einem Kostenaufwand von 38 Millionen Schilling errichtet und 2006 abgerissen. Das Eröffnungsspiel am 18. September 1971 fand vor 12.000 Zusehern gegen die tunesische Nationalmannschaft statt, Austria Salzburg gewann 3:2. Der Spielbetrieb endete im November 2002, seither spielt der Verein in Wals-Siezenheim.

4   Die neun A-Länderspiele der Österreichischen Nationalmannschaft im Stadion Lehen: Malta 9:0 (30.4.1977 – 21.000 Zuseher), Schweden 1:0 (14.5.1986 – 13.500), Island 2:1 (23.8.1989 – 16.200), Ungarn 3:0 (11.4.1990 – 14.100), Färöer 3:0 (22.5.1991), Polen 2:4 (19.5.1992 – 11.900), Lettland 5:0 (29.3.1995 – 5.200), Liechtenstein 7:0 (26.4.1995 – 5.700), Tschechien 1:0 (29.5.1996 – 5.100).

5   In den sieben „Prater-Spielen" 1974 im UEFA-Cup (Eintracht Frankfurt, Karlsruher SC, Inter Mailand) und der Champions League (Maccabi Haifa, AEK Athen, Ajax Amsterdam, AC Mailand) erzielte Austria Salzburg mit Trainer Otto Baric und zehn Salzburgern im 18-Mann Kader (Aigner, Amerhauser, Feiersinger, Fürstaller, Ilsanker, Lainer, Pfeifenberger, Stadler, Steiner, Winklhofer) Eintrittseinnahmen in der Höhe von rund 200 Millionen Schilling.

6   Der *Deutsche Sportverein (DSV)* war 1922 aus dem *FC Nordstern* hervorgegangen, der 1920 als überhaupt erster Fußballklub in Lehen gegründet wurde.

7   Der *Mitropacup* war von 1927–1940 der erste große internationale Fußball-Wettbewerb der Welt für Vereinsmannschaften und gilt als Vorläufer des *Europacups* und der *UEFA-Champions League*.

8   Friedrich Torberg (1908–1979), österr. Schriftsteller, Publizist, Drehbuchautor. Werke mit Fußball-Inhalten: *Die Mannschaft. Roman eines Sport-Lebens*. Wien: Molden, 1935. – *Auf den Tod eines Fußballspielers*. Gedicht (1939, gewidmet dem Fußballer Matthias Sindelar). – *Die Tante Jolesch oder der Untergang des Abendlandes in Anekdoten*. München: dtv, 1975. – *Die Erben der Tante Jolesch*. München: Langen-Müller, 1978.

9   Hans Weigel (1908–1991), österr. Schriftsteller und Theaterkritiker.

10 Georg Stefan Troller (geb. 1921) österr. Schriftsteller, Drehbuchautor, Regisseur und Dokumentarfilmer.

11 Die Hütteldorfer Pfarrwiese war ab 1912 bis zum Bau des Gerhard-Hanappi-Stadions (1977) die Spielstätte des SK Rapid Wien.

12 Elias Canetti: *Masse und Macht*. Hamburg: Claassen, 1960.

13 Wie ich aus eigener leidvoller Erfahrung weiß, war auch noch in den 1960er Jahren bei einigen Salzburger Turnprofessoren Fußball im Turnunterricht strikt verpönt.

14 Thomas Bernhard: *Der Keller. Eine Entziehung*. Salzburg: Residenz Verlag, 1976.

15 Erst mit dem Bau des Hochwasserkanals der Glan, der seither die Stadtteile Lehen und Liefering voneinander trennt, wurden die Gründe kultiviert und die Errichtung von bescheidenen Kleinwohnhäusern am Rande der Salzachauen südlich der Zillertal- und Fasaneriestraße ermöglicht.

16 Bis 1966 unterrichtete Feldinger u.a. an den Volksschulen Parsch, Itzling, Gnigl und Liefering, an der Knabenhauptschule Franz-Josefs-Kai und an der Tagesheimschule Alpenstraße. An letzterer versah er von 1966 bis zu seiner Pensionierung (1988) als Hauptschul-Oberlehrer Dienst. 1975 wurde ihm in Anerkennung seiner ausgezeichneten Dienstbeschreibungen und seiner besonderen Leistungen im Schulwesen von Bundespräsident Rudolf Kirchschläger der Berufstitel „Schulrat" verliehen.

17 Am Stichtag 10.10.1949 zählte Lehen 7.651 Einwohner, heute (Stichtag 1. 1. 2016) 15.597 Einwohner.

18 Erst mit dem Aufstieg in die Staatsliga 1953 erhielten die Spieler Verträge, die die Brutto-Zuwendungen regelten: 200 Schilling Monatsfixum, 245 Schilling pro Unentschieden, 365 Schilling pro Sieg. Bei einer Niederlage gab es nur 70 Schilling „Startgeld". Die berufstätigen Spieler erhielten zweite Lohnsteuerkarten.

19 Kurt Bernegger (1922–2014) war bis 1968 Leiter des Sportressorts der SN, danach in der ersten Generalintendanten-Ära von Gerd Bacher Sportchef des ORF und später des Landesstudios Niederösterreich.

20 Walter Nausch war Mittelläufer und Mannschaftskapitän des legendären österreichischen *Wunderteams* in den 1930er Jahren und auch Jahrzehnte danach noch eine ähnliche Fußball-Ikone wie später etwa Hans Krankl.

21 Adi Macek war 1965 der erste Salzburger im A-Nationalteam. Bis 2005 stellte Austria Salzburg insgesamt 35 Spieler für die Nationalmannschaft ab, zehn von ihnen sind „echte" Salzburger (Bundesland).

22 Praschak war zwischen seinen mehrmaligen Trainer/Manager-Ären bei Austria Salzburg auch zweimal Chefcoach des SK VöEST Linz (1970-71, 1979-81) und des österreichischen Unter-23-Nationalteams.

Wolfgang Radlegger
Herbert Fux
Der Antifaschist

Ich war mit Herbert Fux in meinem familiären Umfeld früh bekannt und habe später privat und in meinen politischen Funktionen oft mit ihm zu tun gehabt. Seine antifaschistische Haltung ist ein wichtiger Teil seiner Persönlichkeit gewesen und so habe ich versucht zu diesem Schwerpunkt ein Gespräch, wie wir es öfters geführt haben, aufzuschreiben. Neben meiner Erinnerung habe ich mich verschiedener Eintragungen im Internet und der Autobiographie von Herbert Fux „Wiederkehr und Abschied" bedient. Für diese Gesprächsform habe ich zum Teil unsere Umgangssprache gewählt.

Radlegger: Es war ein Sommerabend irgendwann in der zweiten Hälfte der 50er Jahre, als du meinen Vater in Grödig besuchen kamst und ich meine Mutter neugierig fragte, wer du seist. Sie antwortete: „Ein arbeitsloser Schauspieler, den Vati aus seiner Zeit am Mozarteum kennt." Die Geschichte ist mir in Erinnerung geblieben, weil der Beruf des Schauspielers auf mich einen ganz besonderen Reiz ausübte. Wir lebten damals im Haus meiner Großeltern, deren Stolz ein großer Obstgarten war, der neben Obstbäumen auch über einen großen Bestand an Ribiselstauden verfügte. Die Früchte eigneten sich vorzüglich zur Herstellung von Ribiselwein oder hochprozentigem Obstschnaps. In einer Zeit, in der es noch nicht allzu viel gab, war es sicherlich mit ein Grund länger in der Gartenlaube sitzen zu bleiben, als geplant. Du wirst damals so um die 30 gewesen sein, während ich gerade die ersten Gymnasialjahre absolvierte. Vielleicht kannst du mir Näheres erzählen, wie es zu der Begegnung mit meinem Vater kam?

Fux: Ich habe bis 1951 die Schauspielschule des Mozarteums besucht und glaube um 1947/48 bekam unsere Klasse Zuwachs durch deinen Vater, der ein Regiestudium am Reinhardtseminar in Wien begonnen hatte und dann nach Salzburg wechselte. Er war einige Jahre älter als wir und musste Kriegsdienst leisten, was mir und meinen Jahrgangskollegen erspart geblieben ist, da wir allenfalls als Flakhelfer eingesetzt wurden. Irgendwann ist mir dein Vater wieder über den Weg gelaufen und so bin ich dann bei euch in der Gartenlaube gesessen. Es mag schon zugetroffen haben, dass ich damals gerade kein Engagement hatte und in den Augen deiner Mutter ein arbeitsloser Schauspieler war. Im Anschluss an das Schauspielseminar habe ich in ein paar Stücken in Salzburg gespielt. Nach einem Engagement in Vorarlberg – wo ein Prinzipal mich einfach absetzte, um mir zu zeigen, dass er der Direktor war –, habe ich mich entschieden, nur noch einzelne Engagements anzunehmen und war die nächsten 10 Jahre an verschiedenen Bühnen in Wien beschäftigt. Arthur Maria Rabenalt bereitete damals gerade in Wien einen Film vor und ist in eine Vorstellung von Tankred Dorsts „Die Kurve" gekommen, in der ich die Hauptrolle gespielt habe. Er engagierte mich für „Der Mann im Schatten". Es war der erste Film, in dem ich einen Mordverdächtigen gespielt habe und überdies Qualtinger der Kommissar war. So hat meine Karriere als „Filmbösewicht" begonnen.

Radlegger: Das ist mir jetzt ein bisschen zu schnell gegangen. Ich wollte dich eigentlich fragen, wie du zur Schauspielerei gekommen bist.

Fux: Ich bin in Hallein geboren, kam aber schon mit fünf Jahren nach Salzburg. Mein Stiefvater Franz Wettig war Direktoriumsmitglied des Salzburger Landestheaters. So bin ich schon sehr früh mit dem Theater in Berührung gekommen. Schon in der Schule haben mich Fächer wie Deutsch, Geschichte, Kunstgeschichte viel mehr interessiert als Mathematik, Geometrie, Physik, Chemie oder Latein. Ich verschlang die Weltliteratur, las alle Klassiker und Theaterstücke. Und verglichen mit meinem Onkel, der Rechtsanwalt war, und meinem Großvater, einem Kaufmann, kam mir der Beruf Schauspieler erstrebenswert vor.

Radlegger: Im Film bist du als Bösewicht in Erinnerung. Wahrscheinlich weil du deinen Durchbruch mit der Hauptrolle eines Triebtäters in dem Film „Geißel des Fleisches" hattest.

Fux: Ja, dieser Film wurde damals verrissen – es war klar, dass es um die Opernmörder-Geschichte ging, die kurz zuvor ganz Österreich beschäftigt hat und es wurde als Blasphemie betrachtet, dass man die Tragödie des Opfers noch ausschlachtete. 20 Jahre später entdeckte man „Geißel des Fleisches" als österreichischen Kultfilm, und nachdem ihn Franz Josef Spieker gesehen hatte, wurde ich für seinen Film „Wilde Reiter GmbH" engagiert. Das war 1965 und der Film war eine echte Sensation.

Radlegger: Das kann ich nur bestätigen, die Kritik bezeichnete den Film als unkonventionellen Erstlingsfilm, „der sich durch Originalität, Ironie und Aggressivität auszeichnet und in der Wahl seiner Mittel nicht zimperlich ist". Man hat ihn als eines der ersten Werke des jungen deutschen Films betrachtet.

Fux: „Wilde Reiter GmbH" war ein Film mit Signalwirkung: Er hat die Regierung verarscht und die in Deutschland verbreiteten Amerikanismen angegriffen, die Spieker schon in Amerika nicht hat leiden können.

Radlegger: Du hast in 120 Kinofilmen und 300 Fernsehproduktionen mitgewirkt, die unterschiedlichsten Genres bedient und mit wesentlichen Vertretern des europäischen Films wie Wolfgang Staudte, Volker Schlöndorff oder Werner Herzog gearbeitet. Du bist mit Schauspielern wie Michael Caine, Christopher Lee, Klaus Kinski oder Wolfgang Kieling vor der Kamera gestanden. Aber du hast auch sogenannte Softpornos gedreht.

Fux: Diese Sexklamotten der 60er und 70er Jahre waren Jugendsünden, die es mir ermöglicht haben, ein unabhängiges Leben zu führen, ernsthafte Rollen zu übernehmen und mich ohne falsche Rücksicht politisch zu engagieren. So bin ich nie Gefahr gelaufen ein brotloser Staatskünstler zu werden, der von irgendwelchen Aufträgen öffentlicher Hände abhängig ist. Ich konnte mir die Unabhängigkeit bewahren, um in Salzburg politisch tätig zu werden, was allerdings nie Teil meiner Lebensplanung war.

Radlegger: Wenn ich mich an die Gründungsphase der Bürgerliste zurückerinnere, dann hatte ich den Eindruck, dass der Bäckermeister Hörl der sachlich Sattelfeste, der Jurist und Richter Ziesel der argumentativ Ruhige und du der oftmals laut Polternde gewesen bist. Den Kern eurer Botschaft mit gelegentlich schrillen Tönen zu transportieren war dir nicht unrecht und hat auch zu deiner Schauspielerei gepasst.

Fux: Damit wirst du schon recht haben, aber im Gegensatz zu dir, der du ja um diese Zeit schon als Landesparteisekretär der SPÖ in die Strukturen, gegen die ich angekämpft habe, eingebunden gewesen bist, habe ich manche Fehlentwicklung viel deutlicher beobachtet und auch aufgezeigt. Wahrscheinlich haben die Scheuklappen des Funktionärsdaseins in einer der beiden großen Parteien verhindert, dass du manche Entwicklung gesehen hast.
Mit Ausnahme des grundanständigen, kommunistischen Eisenbahners Heinrich Falterbauer, der 1967 aus dem Gemeinderat ausgeschieden ist, hat es ab 1949 einen Drei-Parteien-Proporz ohne eine wirklich nennenswerte Opposition gegeben. Mit dem VDU und seiner Nachfolgepartei FPÖ waren stets Vertreter des sogenannten dritten nationalen Lagers in die Verantwortung der Stadtregierung eingebunden. Aber auch in beiden Großparteien gab es keinerlei Berührungsängste zu ehemaligen Nationalsozialisten, sie nahmen Personen, die Mitläufer, Mitglieder oder Funktionäre der Nazis gewesen sind, auf. 1949 begann der Wettlauf um die Stimmen dieser sogenannten Minderbelasteten. Die Ausschaltung der Sozialdemokratie in den frühen 30er Jahren hatte zu einem Mangel an Funktionären geführt, die man nach dem Krieg wieder hätte einsetzen können und so habt ihr auch in braunen Gewässern gefischt.

Radlegger: Leider muss ich dir mit meinem Wissen von heute recht geben und kann für mich nur ins Treffen führen, dass meine relative Jugend – ich war 27 Jahre alt als ich Landesgeschäftsführer der Salzburger SPÖ wurde – mich zunächst die braunen Flecken nicht hat sehen lassen. Der antifaschistische Kampf der SPÖ und die Tatsache, dass der Großteil der Widerstandskämpfer aus den Reihen der Kommunisten und Sozialisten stammte, wurde als Beleg für eine Abgrenzung nach rechts genommen. Ich habe dabei unterschätzt, dass es eine nicht ausgesprochene oder offen diskutierte Bereitschaft gab, die eigenen Reihen mit Menschen zu füllen, denen nicht nur Mitläufertum, sondern auch Funktionärstätigkeit für die Nazis als lässliche Sünde nachgesehen wurde. Ein Beitritt zur SPÖ wurde als ein Akt der Läuterung gesehen.

Fux: Na ja, das ist aber nur ein kleiner Teil dessen, was ich nach Abschluss des Staatsvertrages und der Wiedererlangung der Selbständigkeit Österreichs hier erlebt habe.

Radlegger: Ja, ich erinnere mich noch an den Abzug der amerikanischen Besatzungssoldaten, weil der Leiter ihres Versorgungslagers in Grödig mit seiner Frau bei uns gewohnt hat. Das verschaffte mir Annehmlichkeiten, wie das gelegentliche Fahren in einem wunderschönen, offenen, lilafarbenen Straßenkreuzer.

Fux: Damals begann ein kleines Wirtschaftswunder. Die Strahlkraft der Stadt Salzburg, die internationale Reputation der Festspiele, die Schönheit der Landschaft, die Grenznähe zu Deutschland und manch anderer Faktor haben dazu geführt, dass der Wirtschaftsmotor in Salzburg schneller ansprang. Dabei waren noch immer beachtliche Anstrengungen erforderlich, um die Spuren der Vergangenheit zu beseitigen. So wurde parallel zum Bau des neuen Festspielhauses, gewissermaßen als sozialer Ausgleich, ein Barackenbeseitigungsprogramm umgesetzt, da es in der Stadt Salzburg noch große Barackenlager gab. Durch den Nachkriegszuzug von Heimatvertriebenen, den sogenannten Volksdeutschen, herrschte eine große Wohnungsnot. Der Wohnungsbau war eine der wichtigsten kommunalen Aufgaben, was aber auch Seilschaften auf den Plan rief, die davon profitieren wollten. Einer der großen Nachkriegsskandale war jener der Gartensiedlungsgesellschaft, der Repräsentanten beider großer Parteien betraf.

Radlegger: Ich habe von dir oft genug den Vorwurf zu hören bekommen, das Salzburger Klima sei nichts anderes als die Umschreibung eines Zustandes, bei dem Demokratie durch Korruption, Rechtsbruch, Parteienfilz, Parasitentum und Machtmissbrauch entartet sei. Das klingt sehr griffig und mag in manchen Bereichen auch durchaus seine Berechtigung gehabt haben. Wenn ich mich an einen herausragenden Funktionär der Salzburger Ingenieure und Architekten erinnere, der sich mir gegenüber mit seinen guten Beziehungen brüstete und meinte, er könne auf die Teilnahme an Wettbewerben verzichten, denn es genüge ihm ein Gewerbeschul-Ingenieur, der je nach Bedarf Rasterwohnungen aufeinanderstapelt. Dies sei allemal gewinnträchtiger als die risikobehaftete Teilnahme an Wettbewerben.
Andererseits sehe ich auch positive Seiten und Erfolge in einer Form der Zusammenarbeit, die Salzburger Interessen in den Vordergrund gestellt und auf diese Art und Weise viel Positives bewirkt hat. Ich bin überzeugt, dass es ohne diese gute Zusammenarbeit nicht gelungen wäre, die Milliardenbeträge, die für den Bau der Salzburger Universität einschließlich ihrer Altstadtvorhaben

erforderlich gewesen sind, aufzubringen. Aber ich gebe dir recht mit deiner Kritik an vielfacher Profitmaximierung, die nur durch zumindest passive Duldung der Politik möglich geworden ist.

Fux: Irgendwie hat sich aber zu Beginn der 70er Jahre abgezeichnet, dass die Zeit reif für Veränderungen wurde. Insbesondere auf kommunaler Ebene hat sich gezeigt, dass die Bürger nicht mehr ohne Weiteres Durchstechereien und Machtmissbrauch akzeptieren wollten und Schlussfolgerungen aus den sarkastischen Sätzen Heinrich Heines zogen, der meinte: „Vertraut eurem Magistrat, der fromm und liebend schützt die Stadt, durch huldreich hochwohlweises Walten, euch ziemt es stets das Maul zu halten." Die Bürger haben eben nicht mehr das Maul gehalten und sich in Bürgerinitiativen gegen Machtmissbrauch und Politwillkür zusammengeschlossen. Es entstand die Initiative „Schützt Salzburgs Landschaft". Dazu hat Johannes Voggenhuber geschrieben: „Dieser letzte Schlag (das Stadtentwicklungsmodell 1970) gegen die Idee der Stadt, gegen alle ihre Entwicklungsgesetze durch den die Umwandlung des gesamten Territoriums der Stadt zu einem großen Grundstücksmarkt abgeschlossen werden soll, löst endlich den Widerstand der Bürger aus."
Die Initiative sammelte immerhin 20.000 Unterschriften und noch im Wahljahr '72 musste der bereits gefasste Beschluss, entlang der Hellbrunner Allee ein neues Stadtviertel zu bauen, fallengelassen werden. Drei Jahre später wurde auf neuerlichen Druck durch die Bevölkerung eine Verordnung der Landesregierung zum Schutz der Landschaft beiderseits der Hellbrunner Allee erlassen. Diesem vergleichsweise sanften Widerstand folgte dann 1975 gewissermaßen die Revolte, die ich gemeinsam mit Alfred Winter ausgelöst habe, als wir im September die Aktion „Rettet Salzburg" ins Leben gerufen haben. Wir sind damals aufs Ganze gegangen. Es sollten nicht mehr einzelne Projekte verhindert werden, wie das bei der Bürgerinitiative zu Beginn der 70er Jahre der Fall war, sondern die Altstadt, die Stadtlandschaft insgesamt sollte geschützt werden. Ich habe damals an den späteren Landeshauptmann Wilfried Haslauer einen Brief geschrieben, in dem es heißt: „Die Maßlosigkeit, die Hemmungslosigkeit und das Diktat egoistischer Interessen werden die Demokratie zu Fall bringen." Gemeint waren Korruption, Manipulation und Machtmissbrauch. In offenen Briefen habe ich vom kurzsichtigen Geschäftsgeist der Baubosse und von Totengräbern der Demokratie gesprochen. Mir ging es nicht nur um die

Verhinderung von Bausünden und damit verbundene Geschäftemacherei, sondern um den Vertrauensverlust in die Demokratie, der durch diese Verfilzung entstand.
Mir ist es 1977 gelungen, die verschiedenen Protestgruppen in den Vereinigten Bürgerinitiativen zusammenzuführen. Bei den anschließenden Wahlen konnten wir mit 2 Mandaten in den Gemeinderat einziehen. Wir hatten mit höherem Zuspruch gerechnet, aber immerhin war uns jetzt die Möglichkeit gegeben, eine „außerparlamentarische Opposition" im institutionalisierten Rahmen weiter wirken zu lassen. Offensichtlich haben wir geschickt die richtigen Themen angesprochen, denn fünf Jahre später kam es zu einer Vervielfachung unserer Stimmen und wir sind sogar in die Stadtregierung eingezogen.

Radlegger: Ich erinnere mich noch sehr gut an euer Wahlplakat. Es war eine Teleaufnahme von Maria Plain Richtung Festung, sehr geschickt gemacht, denn dadurch entstand der Eindruck, dass die scheußlichen Wohnblöcke einschließlich des Hotels Europa unmittelbar unter der Festung und quasi neben Dom und anderen Kostbarkeiten der Altstadt liegen würden. Der Aufruf dabei war ganz einfach, er hieß „Rettet Salzburg". Bei aller berechtigten Kritik an den Sünden, die in den 60er Jahren in der Salzburger Altstadt begangen wurden, warst du ängstlich bemüht, gewissermaßen eine Käseglocke über die Altstadt zu stülpen. Nach dem großen Erfolg der Bürgerliste, die ab 1982 mit Johannes Voggenhuber einen Stadtrat stellen konnte, der dem qualitätsvoll Neuen eine Chance geben wollte, bist du mit ihm in Konflikt geraten.

Fux: Ich kann für mich ins Treffen führen, dass mir der Wähler offensichtlich recht gegeben hat, denn 1987 wurden wir mehr oder weniger halbiert und sind wieder aus der Stadtregierung geflogen.

Radlegger: Das Wahlergebnis betrachtet, magst du schon recht haben. Allerdings muss ich dir entgegnen, dass ich Voggenhubers Aktivitäten als besonders wichtig für Salzburg erachte, besonders die Architekturdebatte, die sich unter ihm entwickelt hat und die Arbeit des Gestaltungsbeirates, dessen internationale Zusammensetzung ein wesentlicher Fortschritt war. Auch wenn dies vom Wähler nicht honoriert wurde. Aber nachdem wir – was den Johannes betrifft – nicht zu einer Übereinstimmung kommen werden, möchte ich die Salzburger

Kommunalpolitik verlassen und ein Thema ansprechen, das mir wie auch dir ganz besonders wichtig ist, nämlich die Frage, wie wir mit unserer jüngeren Geschichte umgehen, beziehungsweise umgegangen sind.
Es war im Jahr 1977, die Gemeinderatswahl in Salzburg war vorbei, die Angelobung der neuen Gemeinderäte noch nicht vollzogen, als eine Aussendung der Salzburger Landeskorrespondenz, also der offiziellen Presseinformation der Salzburger Landesregierung, ihren Niederschlag in den Chronikspalten der Salzburger Zeitungen fand. Ich zitiere: „Glückwünsche nach Hamburg: Landeshauptmann Dr. Wilfried Haslauer und Landesrat Walter Leitner richteten an Dr. Gustav Adolf Scheel, der von 1941 bis Kriegsende Gauleiter und Reichsstatthalter von Salzburg war, nach Hamburg Glückwunschschreiben zu dessen 70. Geburtstag. Der Jubilar habe Blutvergießen und Zerstörung zu verhindern gewusst, betonte der Landeshauptmann, Leitner sprach im Zusammenhang mit dem Leben von Dr. Scheel von einer Zeit, die arm ist an bedeutenden Menschen, die eine feste Gesinnung haben und sie unerschütterlich bewahren." Soweit der dürftige Text, den das sozialdemokratische „Salzburger Tagblatt" wiedergegeben hat, begleitet von einem kritischen Kommentar. Es gab keine Reaktion amtierender Politiker. Die einzige Ausnahme warst du, der sich damals sofort laut und vernehmbar zu Wort gemeldet hat. Mich hat das sehr beeindruckt, du hast diese Haltung aus deiner Lebensgeschichte erklärt.

Fux: Ja, man hat sich den ganzen Text durchlesen müssen, um sich der Tragweite wirklich bewusst zu werden. Der Landeshauptmann hat zwar in seinem Schreiben Gegensätze zart angedeutet, aber gleichzeitig die Bedeutung der Tätigkeit von Gustav Adolf Scheel in den Jahren 1941–1945 und dessen Korrektheit betont. Korrektheit – ein Wort hinter dem sich alle versteckt haben, die nur ihre Pflicht getan haben. Vom Marinerichter Filbinger in Baden-Württemberg bis zum österreichischen Bundespräsidenten Waldheim. Pflichterfüllung war Rechtfertigung und Entschuldigung. Dr. Haslauer sen. hat damals auch geschrieben: „Sie haben mit Ihrer auf Ausgleich bedachten Art, mit Ihrer Initiative für den Bau von Luftschutzstollen in den Stadtbergen und mit der Verhinderung sinnlosen Blutvergießens und sinnloser Zerstörung in den Zusammenbruchtagen 1945 dem Land und der Stadt Salzburg noch Schlimmeres erspart."
Was Scheel Menschen und Familien an Schlimmem *nicht* erspart hat, davon war überhaupt keine Rede. Offensichtlich im Wissen um die Worte des Landes-

hauptmannes schrieb der damalige freiheitliche Landesrat Walter Leitner dem Jubilar, dass er sich durch seine Leistungen auch der Würdigung seiner Gegner gewiss sein kann! Und dann wurde es ganz schlimm: „Dies bedeute viel in einer Zeit, die arm ist an bedeutenden Menschen, die eine feste Gesinnung haben und sie unerschütterlich bewahren. Salzburg hat Ihnen viel zu verdanken, einem Menschen, der auch auf dem Gipfel von Macht und Einfluss stets bescheiden geblieben ist und Mensch unter Menschen war." Ich finde es heute noch ungeheuerlich, dass Reaktionen weitgehend ausgeblieben sind, denn das war nichts anderes als Anbiederung an die Generation derjenigen, für die nicht alles schlecht war, was die Nazis gemacht haben, immerhin hatte Hitler ja Arbeit gebracht, den Autobahnbau, Zucht und Ordnung.

Radlegger: Auf die Person Gustav Adolf Scheel werden wir später noch einmal zurückkommen, jetzt würde mich deine persönliche Geschichte interessieren, da du 20 Jahre älter bist als ich und die Nazizeit als junger Gymnasiast bewusst erlebt hast. Ich selbst verdanke es meiner Mutter, dass ich schon mit 14 Jahren begonnen habe, mich mit dieser Zeit, die ich nicht erlebt habe, zu beschäftigen. Sie hat mir als Vorbereitung eines Besuchs im Landestheater das „Tagebuch der Anne Frank" geschenkt. Ich habe das Buch in einem Zug durchgelesen, weil mich das Schicksal dieses gleichaltrigen Mädchens so gefangen genommen hat. Vor allem das Leben im Versteck, das sich so sehr von meinem unbefangenen Aufwachsen unterschieden hat, rührte mich zutiefst und der sinnlose Tod erschütterte mich. Ich habe mich dann noch im Gymnasium aus einer Vielzahl an Büchern über den Horror des Nationalsozialismus, über die Barbarei der damaligen Zeit und das Schicksal jüdischer Mitbürger informiert. Das wurde zu einem grundlegenden Anstoß meiner Politisierung, einen Beitrag zum „Nie wieder" und „Niemals vergessen" zu leisten. Doch wie war es eigentlich bei dir, Herbert?

Fux: Mein Vater war ein illegaler Nazi, doch davon hab ich wenig mitbekommen, denn ich war erst fünf Jahre alt, als er starb. Das war in den frühen 30er Jahren. Meine Mutter hat mir später bestätigt, dass er sich bald den Nationalsozialisten angeschlossen hat. Die Machtübernahme durch Adolf Hitler im Jahre 1933 hat er nicht mehr erlebt. Durch den damaligen deutschen Freund meiner Mutter hörte ich ab 1933 viel von Hitler, der jetzt Deutschland regiert. Drüben in Deutschland konnten sich viele sogar ein Auto leisten, Autobahnen wurden gebaut; es gab, so hieß es, keine Arbeitslosen und den Bauern wurden die Bankschulden erlassen, während in Österreich drückende Arbeitslosigkeit herrschte und besonders die Bergbauern arge Not litten. All diese Erfolge hätten die Nationalsozialisten zustande gebracht, so hat er mir die Situation geschildert.

Radlegger: Du hast also zunächst einmal eine durchaus positive Haltung zum Nationalsozialismus vermittelt bekommen und bist dann mit den Illegalen in Österreich in Berührung gekommen.

Fux: Ja, das stimmt, durch meinen Cousin wurde ich auf einen angeblich tollen Verein aufmerksam, der Geländespiele veranstaltete und sich „Wandervögel" nannte. Seine Mitglieder hielten geheime Zusammenkünfte in alten Räumen ab, das klang so spannend, dass ich beigetreten bin und irgendwann ist mir dann klar geworden, dass der Verein eigentlich illegal war. Das imponierte uns damals umso mehr und als der Hitler dann einmarschierte im März 1938 wurden wir offiziell in das „Jungvolk", eine Naziorganisation der 10- bis 14-Jährigen, eingegliedert. Ich bin dann mit 11 Jahren Jugendschaftsführer geworden und hatte 10 bis 15 „Untergebene". Der angewandte Drill und der absolute Gehorsam haben dazu geführt, dass die Romantik schnell verflogen ist und ein Unfall gab mir Gelegenheit, mich nicht mehr bei denen blicken zu lassen.

Radlegger: Was war der Knackpunkt, an dem sich dein kritisches Bewusstsein entwickelt hat?

Fux: Eine erste Distanz hatte sich schon sehr bald nach Hitlers Einmarsch ergeben, denn der damalige Freund meiner Mutter, Franz Wettig, den ich sehr gerne mochte und der für mich ein Vaterersatz war, kam nach dem 13. März 1938 ganz aufgeregt nach Hause und meinte, er müsse fliehen, denn sonst würde er von der Gestapo verhaftet. Er war Direktor des Salzburger Stadttheaters und ein bedeutender Sozialdemokrat, den Freunde am Theater über seine bevorstehende Verhaftung und Überstellung in ein Konzentrationslager informierten. Diese erzwungene Trennung hat mich sehr beschäftigt und mich auf Grund der guten Beziehung zu Franz Wettig in meiner Haltung gegenüber den Nationalsozialisten beeinflusst. Wir hörten, dass ihm die Flucht gelungen und er in Prag gelandet war. Später war er dann am deutschen Theater in

Teplitz-Schönau im Sudetenland. Als Hitler dort einmarschierte, wurde Franz sofort von der Gestapo verhaftet. Man ließ ihn nach einigen Tagen aus Mangel an Beweisen frei, aber er stand weiter unter der genauen Beobachtung der Gestapo.

Radlegger: Wie hast du die weitere Entwicklung in Salzburg erlebt?

Fux: Abgesehen von der Flucht meines Stiefvaters hat mich ein anderes Ereignis besonders abgeschreckt: Es war die von den Nazis verharmlosend bezeichnete „Reichskristallnacht", für mich der erste sichtbare, brutale Gewaltakt gegen die jüdischen Bürger. Auf einmal brannten die jüdischen Geschäfte, es durfte geplündert werden und die Synagoge in der Lasserstraße wurde angezündet. Mein Cousin und ich sind am nächsten Morgen dort hingefahren und sahen nur noch die rauchenden Trümmer und die geplünderten Geschäfte. Wir stellten uns die Frage, ob dies die neue Gesellschaft sein sollte, in der Juden öffentlich zu Volks- und Staatsfeinden wurden. Ich weiß noch, dass wir deprimiert mit den Fahrrädern nach Hause gefahren sind, denn der Nationalsozialismus als idealistische Bewegung war damit fadenscheinig geworden. Als der Krieg begann, mehrten sich Kontrollen und Verfolgung Andersdenkender durch die Gestapo. Viele meiner Schulfreunde und deren Familien waren gegen das Regime. Wir fingen damals an, BBC zu hören, obwohl das mit Gefängnisstrafe bedroht war und ließen uns die Haare lang wachsen, um auf diese Art und Weise unseren Protest zu zeigen. Der NS-Landesjugendschulführer hat uns in einer Schulversammlung als „Asphaltkröten" bezeichnet, worauf wir von älteren Schülern überfallen wurden und man uns die Haare abschnitt.

Radlegger: Du hast mir aber auch erzählt, dass du in Wien Erlebnisse hattest, die deine antinazistische Einstellung geprägt haben.

Fux: Obwohl Kriegszeit war, hatte ich die Gelegenheit, in den Ferien immer wieder meine Verwandten in Wien zu besuchen, die im zweiten Bezirk wohnten. Das war ein Bezirk, in dem viele jüdische Familien gelebt haben und ich habe gesehen, wie die SS und die Gestapo jüdische Familien aus den Betten geholt haben und sie mit Lastwägen abtransportierten. Diese Menschen waren starr vor Schreck, aber sie schrien nicht, obwohl sie brutal behandelt wurden.

Schemenhaft sah ich vom Fenster des dritten Stocks diese gespenstischen Szenen. In den Straßen des zweiten Bezirks und in der angrenzenden Rotenturmstraße schlichen arme und abgemagerte, mit dem gelben Stern gebrandmarkte Menschen die Hausmauern entlang, voller Angst vor den „arischen Wienern", die sie von den Gehsteigen stießen und demütigten. Ich sah wie Wiener vor ihnen ausspuckten und sie verhöhnten. Ein unvergessliches, grauenhaftes Bild der Menschenverachtung. So erkannte ich das Grauen in vollem Umfang und sehnte das Ende der Schreckensherrschaft herbei.

Radlegger: Du hast mir noch eine Geschichte erzählt, die deine Mutter betroffen und bei dir eine ziemliche Panik ausgelöst hat.

Fux: Du hast recht, und ich bin mir heute noch bewusst, wie schlimm das hätte enden können. Es war irgendwann in den ersten Kriegsjahren, als unser langjähriges Dienstmädchen zu Besuch in die Aigner Villa meines Großvaters kam. Meine Mutter erzählte in dieser vertrauten Umgebung Anti-Hitlerwitze, die überall die Runde machten. Später brachten wir einen Gast zum Bahnhof. Wieder zu Hause, hat uns die Gestapo empfangen und meine Mutter sofort verhaftet. Uns war schnell klar, dass das Dienstmädchen die Gestapo angerufen und sie über die Witze meiner Mutter informiert hat. Mich hat Panik erfasst, ich war damals 14 oder 15 Jahre alt, der Stiefvater geflüchtet, die Mutter verhaftet, die Großeltern total verängstigt und so fuhr ich mit dem Fahrrad zu einer ehemaligen Schulkollegin meiner Mutter, deren Mann ein hoher Parteifunktionär war, und erzählte ihr den Vorfall. Ihr Gatte setzte sich mit der Gestapo auseinander und ermöglichte die Entlassung meiner Mutter einige Tage später. Ohne die Fürsprache dieses Herrn Kaltner wäre die Freilassung unmöglich gewesen, denn nach einer nachgewiesenen Führerschmähung kam man normalerweise nicht mehr aus den Klauen der Gestapo.

Radlegger: Auf diese Art und Weise bist du also mit der Gestapo in Berührung gekommen, jener furchtbaren Organisation, die wenige Monate nach dem sogenannten Anschluss das Salzburger Franziskanerkloster übernahm und es in ein Verhör- und Folterzentrum verwandelte. „Hier ist der österreichische Sender Rot-Weiß-Rot", sagte der amerikanische General Walter Robertson, als er am 6. Juni 1945 den Rundfunk in Salzburg wieder eröffnete. „Er möge die

Österreicher wieder zu einem gut unterrichteten Volk machen." Es gab nach Kriegsende für die nationalsozialistisch indoktrinierte Bevölkerung sogar Sendungen wie „Wir lernen Denken". Das Salzburger Rundfunkstudio befand sich auch im Franziskanerkloster. Als Robertsons Worte aus der ehemaligen Gestapo-Zentrale gesendet wurden, hatte das symbolischen Charakter.

Fux: Später, als der Orden das Gebäude wieder in Besitz genommen hatte, wollte die Öffentlichkeit nichts mehr von der furchtbaren Geschichte wissen. Ich gehörte zu denjenigen, die darauf drängten, dass durch eine Tafel an der Klostermauer auf die schreckliche Vergangenheit hingewiesen wurde.
Ich möchte noch eine weitere Geschichte erzählen, die mich damals erschüttert hat. Auch dies hat meine Überzeugung gefestigt, dass der Nationalsozialismus eine barbarische Schreckensherrschaft war. Der Vater eines Freundes, Herr Seywald, war von dem berüchtigten NS-Richter Roland Freisler wegen Radiohörens des Londoner Senders sowie der Aufbewahrung von Anti-Hitler-Flugblättern zum Tode verurteilt worden. Sein Sohn hatte vor dem Auftreten des Propagandaministers Goebbels 1944 im Salzburger Festspielhaus zu einem Freund, der aber ein Gestapo-Spitzel war, gesagt: „Jetzt müsste man diesen Goebbels in die Luft sprengen." Diese Äußerung des Sohnes eines zum Tode Verurteilten hätte damals genügt, auch ihn zum Tode zu verurteilen. Er wurde deshalb verhaftet und nach Berlin gebracht, um vor dem Volksgerichtshof Roland Freislers dasselbe Urteil wie sein Vater zu bekommen. Der stellvertretende Gestapo-Chef von Salzburg, der ihn nach Berlin brachte, bekam plötzlich Mitgefühl mit dem 17-Jährigen und sagte günstig für ihn aus. Ein anderer Kamerad, der bei der Äußerung „Man sollte Goebbels in die Luft sprengen" dabei war, wurde als Zeuge vorgeführt, sagte jedoch aus, diesen Satz nie gehört zu haben. So gab es nur mehr den Gestapo-Spitzel, den der Volksgerichtshof nicht auftreten lassen wollte, weil damit sein Inkognito aufgedeckt worden wäre. Die günstige Aussage des stellvertretenden Gestapo-Chefs brachte dann die in solchen Fällen überaus seltene Freilassung des jungen Freundes. Wir erfuhren Einzelheiten über das Martyrium, welches der Freund wochenlang hatte durchmachen müssen. Seine Zelle lag unmittelbar über der Hinrichtungsstätte im Hof des Plötzenseer Gefängnisses. Er wurde jeden Tag von den Wärtern in sadistischer Freude darauf aufmerksam gemacht, dass auch er bald dran käme. Von diesen Qualen, denen er als 17-Jähriger ausgesetzt war, hat er sich nicht

mehr erholt. Er zog sich ein Herzleiden zu, das ihn zeitlebens begleitete und zu einem frühen Tod führte.

Radlegger: Hier schließt sich der Kreis zu Gustav Adolf Scheel. Was du vielleicht nicht weißt: Die Familie des Vaters deines Freundes ersuchte den Gauleiter, den Leichnam zur Bestattung freizugeben. Wie in vielen anderen Fällen wurde das von Scheel verweigert, da man eine stille Demonstration beim Begräbnis verhindern wollte.

Fux: Ja, gerade auf diese Machtfülle eines Nazibonzen habe ich in meinem Protest gegen den Geburtstagsbrief aufmerksam gemacht. Für Begnadigungen war der Reichsstatthalter und Gauleiter zuständig und unter Scheel gab es zwar Begnadigungen, aber es wurden immerhin 37 Todesurteile vollstreckt. Darunter auch gegen Eisenbahner im Widerstand, was ich besonders hervorhob, weil ich einen Protest der Sozialdemokraten erwartet hatte, wenn schon keinen lauten Aufschrei aller Demokraten. Gustav Adolf Scheel hat sich möglicherweise um die Stadt Salzburg Verdienste erworben, da er eine Kontaktnahme von Oberst Lepperdinger mit den Amerikanern nicht verhindert hat und so die Stadt kampflos übergeben wurde. Aber was wiegt das im Verhältnis zu allem, wofür er sonst verantwortlich war? Seine Lebensgeschichte zeigt, dass er schon in sehr frühen Jahren begonnen hat, für die Nationalsozialistische Partei zu agitieren. Bereits 1929 trat er dem nationalsozialistischen deutschen Studentenbund bei, ein Jahr später der SA und der NSDAP. Dass er im Mai 1933 in Heidelberg bei der Bücherverbrennung als Hauptredner auftrat, wirft ein bezeichnendes Licht auf seine Gesinnung. Ein Jahr darauf ist er der SS beigetreten, war hauptamtlicher Mitarbeiter des Sicherheitsdienstes und machte innerhalb dieses nationalsozialistischen Geheimdienstes eine rasche Karriere. Wie viel Blut an seinen Händen klebt, kann sich jeder, der sich mit der Geschichte dieser Zeit beschäftigt hat, vorstellen. Schon ab 1933 tritt Scheel vehement für den Ausschluss jüdischer Studenten von allen sozialen Einrichtungen der Universität ein. Nach Kriegsbeginn setzte sich seine Karriere im Elsass fort. 1940 organisierte er die Deportation der Karlsruher Juden und wurde SS-Brigadeführer und Generalmajor der Polizei. 1941 wurde er zum Gauleiter und Reichsstatthalter des Reichsgaus Salzburg bestellt. Nach der Aufdeckung von Widerstandsgruppen organisierte er groß angelegte Verhaftungswellen und mehrere Hinrichtungen von Eisenbahnern. Darauf hab ich damals besonders hingewiesen, leider ohne den von mir erhofften Erfolg in der Öffentlichkeit.

Radlegger: Du hast auch erzählt, dass sich Gustav Adolf Scheel 1943 bei der Ermordung der Widerstandsgruppe „Weiße Rose" durch die Nazis dafür eingesetzt hat, dass die Mitglieder nicht als Studenten hingerichtet würden, sondern als asoziale ehemalige Wehrmachtsangehörige, denn seiner Ansicht nach sollten diese Verbrecher nicht das Bild der Studentenschaft beflecken. Mir rinnt es kalt über den Rücken, wenn ich das lese und ich muss dem damaligen Landeshauptmann zumindest vorhalten, dass er sich zu wenig hat informieren lassen, bevor er diesen devoten Geburtstagsbrief geschrieben hat. Gerade den Geschwistern Scholl hat immer meine höchste Bewunderung und Hochachtung gegolten und ich habe es immer wieder abgelehnt, das Wort „Mut" für eine Aktion von mir zu akzeptieren, denn wenn man an die Geschwister Scholl denkt, dann verbietet sich in Zeiten der Freiheit die Bezeichnung „Mut" für politische Aktionen. Mich schaudert heute noch, wenn ich mir das Klima vergegenwärtige, das in Salzburg lange bestanden hat. In einem derartigen Klima war es eher förderlich als hinderlich einem Naziverbrecher zum runden Geburtstag ein langes und gesundes Leben zu wünschen.

Fux: Dem ist nichts mehr hinzuzufügen, außer dem Bedauern, wie gleichmütig und billigend so eine Geschichte mehr als 30 Jahre nach Kriegsende von maßgeblichen Salzburger Kreisen aufgenommen wurde.

Radlegger: Lieber Herbert, auch wenn ich manche deiner politischen Ansichten nicht geteilt habe, so muss ich anerkennend hervorheben, dass du immer einer gewesen bist, der in Fragen unserer jüngeren Zeitgeschichte keinerlei falsche Rücksicht genommen und die Dinge beim Namen genannt hat. Ich kann nur hoffen, dass diese Haltung entsprechende Anerkennung erfährt und neben dem Schauspieler und Grünpolitiker auch der Antifaschist Herbert Fux nicht vergessen wird.

Gudrun Seidenauer

Ulrike Gschwandtner
Sozialwissenschaftlerin, Bergsteigerin, Feministin – „Plötzlich merken die Leute, das hat etwas mit ihnen zu tun"

Unmögliches

So etwas hätte ihr nicht gefallen: Der Gedanke lässt sich nicht verscheuchen, legt sich quer, kommentiert stur und sperrig jeden möglichen Anfang eines Texts über Ulli Gschwandtner. Sie hätte es nicht gemocht, beschrieben und durchleuchtet zu werden, selbst wenn der Stoff dafür von Menschen kommt, die sie liebten und bewunderten. Sie wäre skeptisch gewesen. Sie hätte gewusst, dass Abwesende immer als Projektionsfläche dienen, besonders solche, die einmal in der Öffentlichkeit gestanden sind: Man kann zu viel in sie hineindenken, hineinwünschen und hineininterpretieren, so formuliert es eine enge Freundin. Und man erzählt sich allzu gerne Heldengeschichten über sie. Die Intensität, mit der die 1965 geborene Ulrike Gschwandtner gelebt hat, würde gewiss dazu einladen: In vielen Bereichen lebte die aus Werfen im Salzburger Land stammende, frauen- und sozialpolitisch hochengagierte Wissenschaftlerin ein öffentliches Leben. Ohne sie wäre der Salzburger Widerstand gegen die schwarzblaue Regierung zu Beginn der 2000er Jahre wohl nie so breit und maßgeblich geworden. Auch im Vorstand der mittlerweile seit langem renommierten Arge Kultur im Salzburger Nonntal engagierte sich Ulli, um nur zwei von vielen möglichen Beispielen für ihre vielen Betätigungsfelder anzuführen.
Als leidenschaftliche Alpinistin, die häufig im Hochgebirge unterwegs war und als technisch sehr versiert galt, war ihr Leben spektakulär. Unter ihren unzähligen Touren ins Hochgebirge waren unter anderem der winters wie sommers eiskalte höchste Berg Nordamerikas in Alaska, der Denali, vormals Mount McKinley (6.190m) oder der Pik Lenin (7.134m) an der Grenze zwischen Kirgisistan und Tadschikistan.

Ulli Gschwandtners Leben endete früh, am 3. Juli 2007 im Karakorum-Gebirge in Pakistan, kurz vor ihrem 42. Geburtstag. Sie wurde tot in ihrem Zelt im Basislager aufgefunden. Vermutlich starb sie infolge der Höhenkrankheit. Der Gasherbrum II hätte ihr erster Achttausender werden sollen.

Herkunft

Ulli wird am 20. Juli 1965, nur elf Monate nach ihrem Bruder, geboren. Die Eltern sind zuhause und verwurzelt im öffentlichen Leben der Pongauer Gemeinde Werfen zwischen Hochkönig, Hagen- und Tennengebirge. Sie sind erst in ihren frühen Zwanzigern, als die Kinder zur Welt kommen. Der Vater, ebenfalls passionierter Bergsteiger, wird später Direktor der Raiffeisenkasse Werfen und ist bei der Österreichischen Volkspartei aktiv, die dort über viele Jahrzehnte die tonangebende politische Kraft ist. Die Mutter führt eine Frühstückspension. Ulli habe als Kind oft geholfen, Parteizeitungen zusammenzufalten, erzählt sie. In der Hauptschule trägt Ulli ab und zu noch ein Dirndlkleid, was in den späten Siebzigern noch eindeutig eine politische Konnotation hat. Doch der schon dem Kind zugesprochene Widerstandsgeist (so Ullis Mutter im Gespräch) erlaubt kein beschauliches Sich-Einrichten im Gegebenen. Denken und Fühlen treiben anderswohin:
1983, das Jahr, in dem Ulli maturiert und in Salzburg Geschichte und Sportwissenschaften zu studieren beginnt, ist das letzte Jahr von Bruno Kreiskys Kanzlerschaft, eine Periode, die Ullis gesamte Schulzeit von der Volksschule bis zur Matura 1983 umfasst. Österreich hat sich seit 1970 erheblich verändert. In den Universitätsstädten existieren auch außerhalb der Hauptstadt kleine, aber ziemlich aktive Gegenöffentlichkeiten, die sich selbst als links und alternativ verstehen. Frauengruppen gründen sich. Die alten Selbstverständlichkeiten stehen infrage. Die Mehrheit der Studierenden bleibt freilich konservativ, die der ÖVP nahestehende Aktionsgemeinschaft dominiert die Hochschülerschaft und manche Universitätsinstitute sind von Faltenröcken, Samtmaschen im Haar und schicken Poloshirts bevölkert. Nicht aber die Geisteswissenschaften: Deren Institutsvertretungen sind meist links orientiert. Begriffe und Vorstellungen wie „Employability" und „Selbstoptimierung" sind unbekannt und wären wohl auf wenig Akzeptanz gestoßen. Studieren heißt für viele, die sich dezidiert oder auch nur gefühlt als links und/oder feministisch begriffen, wohl auch für

Ulli, erst einmal ein großes Auftauchen aus der konservativen Enge der Heimat. Es ist verknüpft mit der Hoffnung, über Wissenserwerb emanzipatorisches Bewusstsein zu entwickeln, aus dem selbstbestimmtes Handeln und Gestalten erwächst. Dieses ist ganz klar als ein kollektives gedacht. Die zentrale Denkfigur ist „wir" anstelle von „ich". Dazu gehörte aber auch die Vorstellung von einem „wir" versus „die anderen", die Rechten. Die Wahlen von Jörg Haider zum FPÖ-Parteiobmann und von Kurt Waldheim zum Bundespräsidenten im Jahr 1986 befeuern den politischen Diskurs. In der Rückschau beschreiben viele die Achtziger noch als Zeit der Ideologien: Man war intoleranter innerhalb verschiedener politischer Szenen, positiv formuliert: weniger orientierungslos und weniger bereit, schwierige Lebensumstände nur auf mangelnde „Arbeit am Selbst" zurückzuführen – eine heute verbreitete Haltung, die auf Gesellschaftskritik weitgehend verzichtet.

Im stockkonservativen Salzburg kämpft ab Anfang der achtziger Jahre die Initiative der Arge Rainberg um ein autonomes Kulturzentrum, das schließlich 1987 als Kulturgelände Nonntal, heute Arge Kultur, eröffnet wird. Die jährlichen Demonstrationen zur Festspieleröffnung, die als symbolische Inszenierung einer reaktionären Machtelite gesehen wird, sind nicht immer harmlos: Die Staatspolizei fotografiert, dann und wann wird auch kräftig zugeschlagen. Die Proteste gegen die Atomwiederaufbereitungsanlage Wackersdorf in der Oberpfalz werden Mitte der 80er Jahre auch von engagierten Salzburger StudentInnen unterstützt. Der Papstbesuch im Jahr 1988 mit einem Großauftritt der konservativen Aktion Leben, die gegen die Fristenlösung mobil macht, aktiviert breiten Widerstand. An der Uni dominieren noch die politischen Plakate. Die Flugblätter haben eine Diktion, die einem heute oft hölzern und von einem gewissen Kadergeist gefärbt vorkommt. Im Andräviertel gibt es ein stark frequentiertes Frauencafé. Es gibt das *Gegenlicht*, die *SZENE*, das *Filmkulturzentrum* und andere Kulturstätten, die gut miteinander vernetzt sind. Der aufreibende Kampf um minimale Finanzsicherheit verbindet. Ab 1987 gibt es erstmals eine linke Mehrheit in der Österreichischen Hochschülerschaft Salzburg, in deren Umfeld ich Ulli kennenlernte.

Ein langjähriger Weggefährte Ullis wird nach ihrem Tod die Vermutung äußern, dass sich gerade junge Linke aus deutlich konservativem Herkunftsmilieu

später besonders bemühen würden, sich aus ihrer familiären Prägung quasi „herauszuarbeiten". Und in der Tat wird Ulli für lange Zeit alle Formen des Zusammenlebens, die nach traditionellem Rollenverständnis aussehen, mit Skepsis und größtmöglicher Distanz betrachten. Nicht nur Heiraten, auch Eigentum erwerben, eine Pensionsversicherung abschließen: nichts, wofür Ulli sich erwärmen konnte. Derlei Dinge werden gemieden oder lange hinausgezögert. Leben und denken, Haltung und handeln, das sollte so kongruent sein wie möglich. Ein schöner Anspruch, dennoch beruhigend zu sehen, dass es auch in Ullis Leben da und dort Brüche und Widersprüche gibt.
Ullis Kindheit und frühe Jugend spielt sich in der zweiten Hälfte der 60er und in den 70er Jahren ab: In den 70ern sorgt die Kreisky-Ära mit der Öffnung der Universitäten, der Einführung von Gratisschulbüchern und einer Fülle von anderen Maßnahmen für einen längst fälligen Modernisierungsschub. Das Gleichbehandlungsgesetz von 1975, die Fristenlösung, ein reformiertes Ehe- und Familienrecht sind Eckpunkte der institutionellen Emanzipation der Frauen. Der Geist von 1968 weht, wenn auch vielerorts in verdünnter Form durchs Land – vielleicht lau, vielen zu lau: Spürbar und wirksam ist er dennoch.

Ab 1979 besucht Ulli das katholische Mädchengymnasium der Ursulinen in Salzburg. Kirche, Jungschar, Gitarre spielen, Schultheater: Ulli durchläuft als Kind und Jugendliche etliche typische Sozialisationsinstanzen des ländlichen Raums. Sicher hat sie dabei vieles gelernt: organisieren, vermitteln, strukturieren, leben und handeln in Gruppen. Nur wer darin Erfahrung hat, kann das Gespür für die oft latenten unterschiedlichen Interessen von Menschen entwickeln, um tragfähige Bündnisse zu schaffen, wie Ulli dies in ihrem späteren Engagement ganz besonders gut konnte. Zudem ist es ein Modus vivendi, den Ulli bei aller Unterschiedlichkeit der Ziele in ihr Erwachsenenleben mitnimmt und mit neuen, dem ursprünglich Erlernten wohl in vielem entgegengesetzten Inhalten besetzt. Es ist bemerkenswert, wenn eine Mutter über ihre Tochter sagt, diese habe sie „gefordert und gefördert". Etwas muss sich irgendwann umgekehrt haben: Ullis Mutter Annemarie Gschwandtner bleibt neugierig, lässt sich auf das ein, was die Tochter an Themen mit nach Hause bringt. Es sind Ideen und Ansichten, die ihr sicher oft ziemlich radikal erscheinen. Die Meinungen prallen bisweilen aufeinander, es gibt Konflikte. Doch sind es die Diskussionen und Gespräche der beiden Frauen bis weit nach Mitternacht, die zu Annemaries liebsten

Erinnerungen an Ulli zählen. Auch gemeinsame Reisen gibt es und bei Ullis öffentlichen Auftritten und Preisverleihungen ist die Mutter interessierte Teilnehmerin (u.a. die Verleihung des Preises „Sozialpolitik des 21. Jahrhunderts" durch die Österreichische Akademie für Wissenschaften im Jahr 2001 an Birgit Buchinger und Ulrike Gschwandtner).

Ulli sei kein einfaches Kind gewesen, erzählt ihre Mutter. Ulli hätte in gewisser Weise „das Pech gehabt, als Mädchen geboren zu werden": Besonders bei den Großmüttern hätten die Burschen von vorneherein einfach mehr gegolten. Und das habe Ulli nie hinnehmen wollen. So viele Locken, so viel Widerstandsgeist, so habe man in der Familie immer über sie gesagt. Da müsse früh ein Unbehagen gewesen sein, ein Empfinden von Ungerechtigkeit, vielleicht auch von Zurücksetzung. Und eine Sehnsucht, dass ein anderes Leben möglich sei, und zwar nicht nur für sich selbst.

Weltoptimierung statt Selbstoptimierung – „wir" statt „ich":

In der Audio-Aufnahme eines Interviews beim Social Forum in Hallein 2003, das als offener Raum zur Diskussion und Vernetzung der sozialen Ideen und Bewegungen in Österreich vor globalem Hintergrund abgehalten wurde und bei dem Ulli federführende Organisatorin und Sprecherin war, sagt sie zum komplexen Bewusstwerdungsprozess über politische Verhältnisse:
„Die Halleinerinnen und Halleiner waren natürlich am Anfang total skeptisch. Und es wollte niemand auf die Perner-Insel *(der Veranstaltungsort)*. (...) Aber die Leute fangen an, auch das zu diskutieren, was wir da diskutieren. Das Thema Wasser zum Beispiel, das ja auch hier ein Thema ist, weil es eigene Quellen gibt. Und weil wir hier sind, fangen Leute zu diskutieren an, und ich denke, das ist wie ein Schneeballeffekt. Plötzlich merken die Leute, das hat etwas mit ihnen zu tun, mit ihrer Lebensrealität und mit dem, wo sie leben und wie sie leben, und das ist in ein großes System eingebettet und eben nicht nur gottgewollt."
Über den konkreten Anlass hinaus bringt diese Aussage das zum Ausdruck, worin Ulli auch zu einem wesentlichen Teil ihre Hoffnung gesetzt hat: Dass Menschen beginnen, infrage zu stellen, „wie es nun einmal ist". Sie sollten erkennen, dass Realitäten nicht einfach da sind, sondern geschaffen werden. Und dass Macht darin besteht, genau dies bewerkstelligen zu können: Realitäten und deren Wahrnehmung nach den eigenen Interessen zu formen.

Zeitgeister und andere Gespenster

In Ullis weitläufiger Verwandtschaft wird das exponierte Handeln der jungen Frau immer wieder mit Missfallen aufgenommen. Sich beispielsweise im Zuge einer Demonstration an der Staatsbrücke anzuketten ist nicht das Verhalten, das man sich von der jungen Akademikerin wünscht. Ulli studiert neben Geschichte nun auch Politikwissenschaften. Ein Studienaufenthalt in Israel schärft den Blick für den Nahostkonflikt.

Annemarie Gschwandtner bezeichnet ihren Mann als modernen Vater, der trotz politisch konservativer Grundeinstellung viel mit den Kindern gemacht habe. Später wird das Verhältnis zwischen Vater und Tochter schwierig: Im Blick auf die Welt und die Geschichte gibt es kaum mehr Übereinstimmungen. Gemeinsame Bergtouren gibt es aber immer wieder. 1994 kommt der Vater bei einem Bergunfall am Matterhorn ums Leben. Trotz aller Konflikte wird Ulli von ihr nahestehenden Menschen und auch von ihrer Mutter als Vatertochter beschrieben. Seine Anerkennung ist wichtig, wie sehr und ob auch noch als Erwachsene bleibt Spekulation.

Ulli habe sie und ihren Mann mit vielem konfrontiert, nicht geschont, sagt die Mutter und nennt das Bedenkjahr 1988 als Beispiel. Ulli hat zuhause kein Hehl aus dem gemacht, was sie politisch und gesellschaftlich beschäftigt. Bei den meisten anderen Studentinnen und Studenten wird daheim eher geschwiegen. Die Studierenden der Siebziger und Achtziger Jahre sind völlig anders sozialisiert als ihre Eltern, der Bruch ist kaum kleiner als der bei den 68ern.

Spätestens seit der Ausstrahlung der Fernsehserie „Holocaust" über das Schicksal einer deutschen Familie im 3. Reich im Jahr 1979 erfährt man auch im Geschichtsunterricht eines normalen Gymnasiums anderes als oft noch zehn, fünfzehn Jahre zuvor. Sicher, am Land mögen die Uhren anders gehen: In den Salzburger Dörfern regiert in den 70ern noch die ungebrochene Allianz von Kirche, Partei (gemeinhin schwarz), Bauernbund, Raiffeisenkassa und nahestehenden Vereinen. Der Pfarrer, der Doktor, die Feuerwehr, Trachtenvereine, die Musikkapelle, der Kameradschaftsbund. Was all diese Ämter und Institutionen gemeinsam haben, ist, dass Frauen in ihnen nichts zu sagen haben und zumeist gar nicht darin vorkommen. Was geschieht, macht man sich gemeinhin im Wirtshaus aus. Unter sich, das heißt: unter Männern. Das wird Ulli bemerkt haben, vermutlich schon, bevor sie sich selbst als politisch interessierten oder engagierten Menschen verstanden hat.

Sichtbare Spuren

Gegen die Idee, ein Portrait über sie zu schreiben, hätte Ulli gewiss auch eingewendet, dass es doch um die Sache gehe, nicht um sie. Ich möchte ein wenig auf diesen imaginären Einwand hören, und in diesem Rahmen im Folgenden einige der Themen und Projekte streifen, die ihr große politische und menschliche Anliegen waren.

Zuvor noch eine Überlegung: Wird von jemandem behauptet, dass es ihm bzw. ihr „nie um sich selbst, immer um die Sache" zu tun gewesen sei, ist das im Allgemeinen positiv gemeint und soll das Fehlen von Selbstdarstellungsdrang und die Bescheidenheit eines Menschen lobend unterstreichen. Wird dies über eine Frau gesagt, ist Skepsis angebracht. Sich in die erste Reihe stellen, seinen/ihren Platz beanspruchen, ohne gängige Stereotype zu bedienen, war und ist für Frauen nicht selbstverständlich und wird auch (von Frauen und Männern) anders bewertet. Menschen wie Ulli hätte man sich auch als Politikerin in maßgeblicher Position nur wünschen können (was nicht heißen muss, dass man ihr diesen Weg gewünscht hätte).

Nun ist eine Straße im Süden der Stadt Salzburg nach ihr benannt. Freundinnen meinen, auch das wäre ihr suspekt gewesen. Das mag sein. Das meiste, was konventionell war oder so aussah, war ihr verdächtig. Doch ist die Geste innerhalb einer kulturellen Praxis, in der Namensgebung von Straßen und Plätzen auch Werthaltungen einer Zeit und einer Gesellschaft ausdrücken, ein schönes Zeichen. (Man sollte übrigens nicht vergessen, dass im Salzburger Stadtteil Parsch noch immer eine Josef-Thorak-Straße existiert, die seit 1963 nach einem der populärsten Bildhauer des Dritten Reichs benannt ist.) Gut ergeben hat sich auch, dass jedes der öffentlichen Gebäude in der Ulrike-Gschwandtner-Straße, der *Unipark Nonntal*, das *Sportzentrum Mitte* und das *Kulturgelände Nonntal*, auf etwas verweisen, das in Ullis Leben zentral war: Wissenschaft, Sport, Kultur, wenn auch nicht unbedingt im institutionellen Sinn. Seit 2014 gibt es dort einen weiteren der auf die Salzburger Opfer des Nationalsozialismus hinweisenden „Stolpersteine", und zwar für den fünfzig Jahre vor Ulli Gschwandtner geborenen Heinrich Gittler, der als Aktivist des kommunistischen Widerstands 1943 in München-Stadelheim ermordet wurde.

Ihre Sache

Ulli Gschwandtner war eine Frau, die Verantwortung übernahm. Freundinnen und Freunde sagen übereinstimmend, dass sie eine hervorragende Moderatorin war, sowohl bei öffentlichen Diskussionen als auch in politisch heiklen Situationen. Bei aller Gründlichkeit des Denkens – „und immer noch eine Denkschleife darüber legen", sagt eine Freundin und berufliche Gefährtin über Ullis vehemente Genauigkeit beim Verfassen von Texten – konnte sie unterschiedliche Menschen und Positionen gelten lassen, sie mit viel Geduld in Kontakt bringen und dort halten, bis ein Resultat in Sicht war oder zumindest jede/r zum Recht kam, gehört zu werden. Nicht zuletzt ist es ihrer freundlichen, zugewandten und offenen Art bei gleichzeitiger Bestimmtheit in inhaltlichen Positionen geschuldet, dass sie als junge Sozialwissenschaftlerin gemeinsam mit ihren ProjektpartnerInnen frauenpolitische Anliegen bei Institutionen positionieren konnte, die sich, vorsichtig gesprochen, nicht gerade durch ein feministisches Grundverständnis definierten. Ihre integrativen und vermittelnden Fähigkeiten waren enorm wichtig und gehören vielleicht zu den Merkmalen ihrer Persönlichkeit, die am öftesten erwähnt werden, wenn man nach Ulli fragt. Vielleicht ist dieser integrative Zug eine ihrer Fähigkeiten, die am meisten fehlen. Auch in der Zeit avancierter Kommunikationsmöglichkeiten mutieren wir dennoch oft zu EinzelkämpferInnen, weil uns Kraft und Geduld zur Verständigung fehlen.

Da es ohne die Heldengeschichten doch nicht ganz geht, an dieser Stelle die kleine Episode eines politischen Weggefährten und Freundes:
Bei einer Demonstration der Antiglobalisierungsbewegung im Jänner 2001 wurden mehrere hundert Teilnehmende über Stunden in der Wolf-Dietrich-Straße eingekesselt. Nur wer sich polizeilich registrieren ließ, durfte den Kessel verlassen, eine Vorgabe, die die meisten Teilnehmenden ablehnten. Die Stimmung drohte mehrmals zu kippen, die Präsenz der hochaufgerüsteten Wega-Beamten, die größtenteils aus Wien und Kärnten herbeigeschafft wurden, trug das ihre zur steigenden Spannung bei. In langwierigen Verhandlungen gelang es Ulli unter anderem gemeinsam mit dem Salzburger Bürgermeister Heinz Schaden die Öffnung des Kessels zu erreichen und eine weitere Eskalation zu verhindern. Ulli handelte hier bestimmt ohne irgendwie gearteten Auftrag von außen. Sie fühlte sich schlicht zuständig und tat, was sie für nötig hielt.

Was war nun Ullis Sache? In erster Linie soziale Gerechtigkeit. Und ja: eine bessere Welt. Ein wesentlicher Teil ihres Lebens war nachhaltigem sozial- und frauen-

politischem Engagement gewidmet. Nicht hinausragen über andere, sondern
sich verbinden, Solidarisierung, Perspektiven für gesellschaftliche Veränderungen
entwickeln. Das hieß genauso in erster Linie: eine feministische Perspektive.
Aus ihrem Redebeitrag am Gründungskongress der Europäischen Linkspartei
2004 in Rom, die einen Zusammenschluss von Parteien und Bewegungen links
der Sozialdemokratie versuchte, wird sie im Netz mit der pointierten Aussage
zitiert: „Eine Politik ist feministisch oder sie ist nicht links." Also keine Debatten
mehr über Haupt- und Nebenwiderspruch, bei allem Ringen um Präzision in der
Analyse ist ihr klar, dass nur das Bündnis unterschiedlicher Zugänge innerhalb
des fortschrittlichen Spektrums Neoliberalismus und Rechtspopulismus etwas
entgegensetzen könnten. Das Verbeißen in ideologische Feinheiten war schon
immer eine Schwäche der Linken, weniger harmlos ausgedrückt: ihr totalitärer
Wahrheitsanspruch mit all seinen destruktiven Potentialen. Ulli war lernfähig.
Genau hinsehen hieß immer differenzierter denken und urteilen.

Vorstellung schafft Wirklichkeit – und umgekehrt

Ullis berufliche, wissenschaftliche und politische Projekte umfassend darzustellen, hätte wenig Sinn: Es sind einfach zu viele. Ihre Forschungsschwerpunkte
waren Arbeitswelt, Frauen- und Genderforschung sowie Gleichbehandlung
und Europäische Union. Sie ist Mitinitiatorin der *ditact_ women's IT summer
studies* (und auch persönlich ein sehr technikaffiner Mensch, wie Freundinnen
übereinstimmend berichten). Nach einer Reihe beruflicher Tätigkeiten als wissenschaftliche Mitarbeiterin u.a. am Ludwig-Boltzmann-Institut für historische
Sozialwissenschaft und am Institut für Alltagskultur gründet sie 1996 gemeinsam
mit Birgit Buchinger die Firma *Solution* für Sozialforschung und Entwicklung,
ist zudem als Trainerin und Lehrende in- und außerhalb von Fachhochschulen
und Universitäten tätig.

Die Wirklichkeit sichten, aber auch Visionen entwickeln, so lässt sich der zugrun-
deliegende Impetus von Ullis wissenschaftlicher Arbeit vielleicht beschreiben.
Zwei Beispiele dazu.

Hier die Visionen:
*Buchinger, Birgit / Ulrike Gschwandtner, Die Vision einer von Frauen und
Männern gemeinsam gestalteten Arbeitswelt – der Beginn einer neuen Wirt-*

schaftsethik, in: Assig, Dorothea (Hg.), Frauen in Führungspositionen, Die besten Erfolgskonzepte aus der Praxis, München 2001.
Im vorliegenden Artikel beschreiben die Autorinnen ihre Visionen für eine neue Wirtschaftsethik des 3. Jahrtausends, in der die Trennung zwischen Produktions- und Reproduktionsbereich aufgehoben ist und unter ‚Arbeit' alle gesellschaftlich notwendigen Tätigkeiten verstanden werden. Es existiert eine neue Geschlechterordnung ohne Zwänge durch tradierte Geschlechterrollen. Frauen und Männer können nun gleichberechtigt ihre jeweiligen Bedürfnisse und Wünsche realisieren und jenseits von Abhängigkeitsbeziehungen ihr Leben gestalten.

... dort der Blick auf Realitäten, die voller Mängel und Ungerechtigkeiten sind: Gschwandtner, Ulli: „Call me now" – Arbeiten in Callcenters, in: Flecker, Jörg/ Hans Georg Zilian (Hg.), e-Work: Neue Jobchancen – real oder virtuell?, Wien 2002. Wer kennt sie nicht, die freundliche Stimme am Telefon? Immer mehr Unternehmen und Organisationen gehen dazu über, nicht nur den telefonischen Kontakt zu ihren KundInnen zu reorganisieren, sondern gleichzeitig auch Teile ihres Dienstleistungsangebotes in Callcenters zu verlagern bzw. diese auszubauen. Wie gestalten sich jedoch die Arbeitsbedingungen in dieser Branche? Wer arbeitet in Callcenters? Der vorliegende Beitrag geht unter anderem der Frage nach, wie sich die Beschäftigungsverhältnisse in Callcenters gestalten, welche Qualifikationsanforderungen an die Beschäftigten gestellt werden und wie die Beschäftigten selbst ihre Tätigkeit als CallerInnen sehen.[1]

Viele der Forschungsprojekte, an denen Ulli beteiligt war, zielen darauf ab, Verhältnisse und Menschen in den Blick zu bekommen, die meist an den Peripherien der Wahrnehmung bleiben. Die alltägliche Trennung in der Wahrnehmung von gesellschaftlichen Strukturen und subjektivem Erleben soll ein stückweit aufgehoben und somit verdeutlicht werden, wie das sozialpolitische oder bildungspolitische Umfeld das konkrete einzelne Leben und seine Handlungsspielräume beeinflussen. Es geht zum Beispiel um Brustkrebs und frauengerechte Gesundheitsvorsorge, um die Alphabetisierung von Erwachsenen in Österreich, die aus unterschiedlichen Gründen durch die Maschen des Bildungssystems gefallen sind, es geht um Leiharbeit, die durchaus Züge moderner Sklaverei trägt, und um vieles andere mehr.

Eine enge persönliche und beruflich vielfältige Beziehung verbindet Ulli Gschwandtner mit der 1937 geborenen Hamburger Soziologin und Philosophin Frigga Haug. Im Argument Verlag erscheint 2006 eine hochspannende Studie, die unter dem Titel „Sternschnuppen" den Wünschen von Schülerinnen und Schülern für ihre Zukunft nachgeht. Die Autorinnen wollen wissen, „ob die Mädchen im 21. Jahrhundert sich immer noch in gleicher Weise in althergebrachte Frauenschicksale entwerfen, wie sie dies vor mehr als zwei Jahrzehnten taten, oder ob die in den Medien verkündete Gewissheit, dass Mädchen von heute denen von damals in nichts mehr gleichen [...]"[2], der Realität entspricht.

500 Aufsätze von 13- bis 18-jährigen deutschen und österreichischen Schülerinnen und Schülern sind die Basis der Fragen nach dem Verhältnis der Einzelnen zu Arbeit und Technik, Beruf und Familie, Freizeit und Politik. Die Bilanz fällt ernüchternd aus: Mehr oder minder dominiert Traditionelles. Wo Familie für Jungen als durchaus wichtiges „Beiwerk" eines erfolgreichen Lebens gedacht wird, beherrscht sie mitsamt überwiegend klassischer Rollenverteilung die Vorstellungswelt der Mädchen in überwiegendem Maß. Das Politische und das Private bleiben im Bewusstsein gespalten und die Vorstellungen, die Welt gestaltend verändern zu können, sind rudimentär.

Ob Ulli enttäuscht über die Ergebnisse war? Oder hat sie vielmehr mit dem realistisch-nüchternen Blick der Forscherin mit anderen gemeinsam über Ursachen und mögliche Veränderungen nachgedacht? Vielleicht beides.

Eine Weggefährtin und Freundin beschreibt sie in der Gründungsphase von *Solution* als „jung und grenzenlos hoffnungsfroh." Sie hat etwas Strahlendes und Mitreißendes, sogar Entwaffnendes an sich, das erzählen viele, die sie gut kannten. Das Zuhören, das für ihre Arbeit in der qualitativen Sozialforschung so wichtig ist, konnte sie auch privat: Ich habe aus Gesprächen mit ihr, deren Inhalt ich längst vergessen habe, noch ihren überaus konzentrierten, wahrnehmenden Blick in Erinnerung und ihre Fragen, die echte Aufmerksamkeit verrieten. Sie konnte auch vehement und ziemlich insistierend sein, was nicht immer angenehm war.

Nicht unerwähnt bleiben soll auch die Tatsache, dass Studien, die den Erwartungen der Auftraggeber nicht entsprechen, immer Gefahr laufen, nicht publiziert zu werden. Öfters bedurfte es dann auch des Engagements der Forscherinnen, die Ergebnisse ihrer Arbeit doch an die maßgebliche Stelle zu bringen und mit Nachdruck politische Verantwortlichkeit einzufordern.

Ungesagtes

Ein öffentliches Leben führen zu wollen heißt noch lange nicht: ein veröffentlichtes Leben. Was macht einen Menschen zu dem, was er ist? Dass Eltern Portalfiguren des eigenen Lebens sind, wie es der Schriftsteller Peter Weiss ausdrückt, versteht sich. Über familiäre Prägungen hinausweisend zeigen sich Subjektives und Zeithistorisches immer unvorhersehbar am einzelnen Menschen und erhalten erst in der retrospektiven Betrachtung etwas Folgerichtiges. Ulli hatte sehr viel Energie, sagen ihre Freundinnen und Freunde übereinstimmend. Die pure Quantität ihrer Aktivitäten hat bei der Durchsicht beinah etwas Erschreckendes. Ihre Tage waren lang: Arbeit, Arbeitstreffen, danach nicht selten noch im Laufschritt auf den Nockstein zum Trainieren. Manche ihrer Freunde finden, Ulli habe ihre sozialen Bezüge und Kreise recht deutlich voneinander getrennt. Sie war trotz ihrer menschenzugewandten Haltung vorsichtig, was Mitteilungen über ganz Persönliches, über Lieben, Freuden, Enttäuschungen und Sehnsüchte betraf.

Die Berge

In die Berge zu gehen, überhaupt intensiv Sport zu betreiben war in der Linken der achtziger Jahre eine eher ungewöhnliche Neigung. Mit diesen Jahren assoziiert man doch eher unvorstellbar verrauchte Beisln und Hinterzimmer an Uni-Instituten mit desolaten Sofas, auf denen Stunden um Stunden gesessen, geredet, geraucht und getrunken wurde. Alpinismus wurde zu Unrecht eher als rechtslastig eingestuft und mit Heimattümelei in Verbindung gebracht. Das hat sich inzwischen sicher geändert. Was die Berge für Ulli bedeutet haben mögen, beschreibt ihre Freundin, die Sozialwissenschaftlerin Frigga Haug in ihrem sehr liebevollen Nachruf so:

„So schöpfte sie die unglaubliche Energie, die ihr Leben voranwarf, unter anderem aus dem Besteigen hoher Berge. Sie wollte nur bei uns in den Mühen der Ebenen bleiben, solange als eine Art leitendes Fernziel eine wirklich große Bergbesteigung möglich war. Dies war ihre besondere Weise, die Dialektik von Nah- und Fernziel zu leben."

Große Leidenschaften bleiben für die, die sie nicht teilen, immer ein wenig rätselhaft, besonders wenn ihnen etwas Rücksichtsloses anhaftet, wenn sie die körperliche Sicherheit und Gesundheit aufs Spiel setzen, wie es im Alpinismus oft der Fall ist.

Auch hier nahm sich Ulli einen Freiraum, der Frauen lange Zeit nicht offenstand. Mit der Geschichte des Frauenbergsteigens setzte sie sich intensiv auseinander, unter anderem mit einem Dokumentarfilm über die österreichische Pionierin Helma Schimke (gemeinsam mit Annette Mäser, 2002). Bei der großen Salzburger Alpinismus-Ausstellung 2000/01 war Ulli Mitarbeiterin im wissenschaftlichen Team.

Ulli verfolgte ihren Traum von herausfordernden Bergtouren ausdauernd und ohne Rücksicht auf ihre Neigung zur Höhenkrankheit, die ihr schon mehrmals zu schaffen gemacht hatte. Vielleicht gab es hier Grenzen, die sie nicht akzeptieren konnte oder wollte.

Die Berge mögen für sie, die so stark in sozialen Bezügen dachte und handelte, eine Art Gegenwelt gewesen sein, in der sie sich auf besondere Weise und ganz selbstbezogen auf das eigene Erleben konzentrieren, den eigenen Körper wahrnehmen konnte.

Gemeinsam ist diesen scheinbar so verschiedenen Welten das Moment der Bewegung, der Bewegung einer Frau, die diese Bereiche als Subjekt ihrer Geschichte, als Handelnde und Entscheidende belebt und „ergeht".

Mit Dank an Annemarie Gschwandtner, Renate Böhm, Birgit Buchinger, Doris Gödl und Thomas Neuhold.

---

1   Information von www.solution.co.at
2   Frigga Haug & Ulrike Gschwandtner: Sternschnuppen. Zukunftserwartungen von Schuljugend. Argument-Verlag, Hamburg, 2006.

Martin Stricker

Gunther Hofmeister
Der Unerschrockene

Gunther Hofmeister war eine Legende. Er wurde es in dem Moment, als er Salzburg verließ. Da sollte noch ein langes Leben vor ihm liegen. Der Stadt, die er so stark bewegt hatte, war es egal. Wer Salzburg verlässt, ist nicht mehr. Also ließ die Stadt ihn sterben. Weil geschieht ihm recht. So geht's einem, der Mozart den Rücken kehrt. Da war auch ein Stück Aufatmen dabei. Gunther Hofmeister hat in seinen Jahren an der Salzach so viel Aufbruch und Offenheit gezeigt, dass die Stadt recht froh war, ihn zu verlieren. Vieles war in Gang gekommen, das reichte jetzt wohl einmal.

Hofmeister war ein modischer und attraktiver Mann, groß, schlank, dunkelhaarig, ein Gottseibeiuns des Bürgertums, ein Bürgerschreck, wie es in den 60er und 70er Jahren des vergangenen Jahrhunderts hieß. Und doch ist er mit spielerischer, für viele: ärgerlicher Leichtigkeit mitten in dieses Bürgertum gelangt und noch mehr – Hofmeister war auch Teil einer skandalumwitterten High Society.

Es ist schwierig, einen Salzburger jenseits der 50 zu treffen, der nicht vom ihm gehört oder eine Erinnerung hat.

Hofmeister beschäftigte die Fantasie, weil ihn ein Geheimnis umgab, obwohl er nie ein Geheimnis daraus machte.

Er war schwul.

Er war der erste öffentliche Schwule in Salzburg. Nicht, dass er das vor sich hergetragen hätte. Er wollte eben nur sein, wie er ist. Aufregend genug in dieser Zeit.

Als er ging, wurde er zur Legende. Alle paar Jahre lief das Gerücht, er sei gestorben. An Aids, natürlich. Woran sonst? Nur ungern ließen sich die Leute vom Gegenteil überzeugen. Selbst wenn einer erzählte, er habe ja soeben, vor ein paar Stunden, mit Gunther telefoniert, putzmunter sei er und guter Dinge, so stieß das auf Unglauben.

Legenden leben nicht. Das macht sie so praktisch.

Geboren wurde Hofmeister am 16. Juni 1942 in Bad Häring im Tiroler Inntal in einfachen Verhältnissen. Er besuchte die Glasfachschule in Kramsach und absolvierte die Ausbildung zum Graveur.

Im noch fernen Salzburg suchte zur selben Zeit Hilmar Baron Haebler Personal für seine Glasfabrik in Schneegattern. „Wir haben gerade eine Gravur eingerichtet", erzählt der Unternehmer und da war dieser hochbegabte junge Mann aus Tirol. Wenig später wurde die Fabrik verkauft, Gunther ging nach Salzburg zu Haebler, der eine eigene Handelsfirma gegründet hatte: Europaglas. Er betrieb sie bis 2006.

Gunther war Anfang 20, als er zu Hilmar Haebler in dessen Stadtschlösschen in Aigen zog. Hilmar war gut zehn Jahre älter.

Hier beginnt die Geschichte.

★ ★ ★

„Ich habe Gunther kennengelernt, als ich 17 Jahre alt war", erzählt Franz Königsberger, der später Mathematiklehrer geworden ist. Hofmeister saß, es war 1973, vor seiner Mini-Boutique in der Imbergstraße am Gehsteig und nähte mit Nadel und Zwirn und Schwung. Von drinnen war Musik zu hören. Crosby, Stills, Nash & Young. Der Kiosk an der Imbergstraße war längst zum Treffpunkt aller geworden, die die Nase voll hatten vom Mief in Salzburg – und allen, die moderne Mode wollten.

Hofmeister war nicht nur ein talentierter Glasgraveur, sondern auch ein begnadeter Designer. „Geld hat uns überhaupt nichts bedeutet", meint Gitti

Leiningen-Westerburg, um sechs Jahre jünger und Weggefährtin dieser Jahre. Marina Nölli war noch mit von der Partie, eine Bilderbuchschönheit. „Wir haben uns gefragt: Was können wir? Was macht uns Spaß?" Die Antwort: Dass „wir für unsergleichen ein Geschäft mit schönen Dingen eröffnen".

„Top News" hieß der Mode-Laden in einem kleinen Kiosk in der Imbergstraße. Den Kiosk gibt es noch. Er befindet sich direkt neben der Bushaltestelle Mozartsteg. Ein Makler bietet dort heute seine Luxusimmobilien an.

Er war im Handumdrehen eingerichtet, und das allerfeinst. „Gunther konnte aus jedem Stall binnen kurzem einen Salon machen", erzählt Leiningen. Diese Fähigkeit trug viel zur Faszination bei, die er ausübte. Hofmeister verwandelte dunkle Altstadthöhlen in magische 1001-Nacht-Wohnungen, er konnte aus einer Werkstatt im Nu ein abendliches Esszimmer entstehen lassen.

Etwa die Hälfte des Angebots von „Top News" stellten die drei jungen Leute selbst her. Genäht wurde in der Mini-Schneiderei im Keller – oder eben gleich draußen am Gehsteig. Mehr war gar nicht nötig, denn es hatte sich herumgesprochen, was da los war am Salzachufer. Weltreisende, will heißen: Hippies, brachten ihre mitgebrachten Sachen zum Verkauf. Stickereien, Stoffe, Tücher, Kunsthandwerk aus Afghanistan, Rajasthan und anderen exotischen Gegenden. Je fremder, desto besser. Ganze Rucksäcke voll Waren wurden in der Imbergstraße abgeladen.

„Es gab ja damals in der ganzen Stadt nichts Modernes", erinnert sich Franz Königsberger. Gollhofer und Mühlberger hießen die alteingesessenen, faden Kaufhäuser. Das war es. „Tolle Mode gab es in der Carnaby Street in London – und bei Gunther." Es sind die Jahre nach Woodstock. Jimi Hendrix, Janis Joplin, Jim Morrison machen die Musik. In Vietnam herrscht Krieg. In den USA rebelliert die Jugend. In Europa regt sich Unruhe. Sogar das Kleine, selbstzufriedene Salzburg war fällig für frischen Wind. „Top News" brachte ihn.

Was es in London gab und in Salzburg nicht, war Musik. „Wir dachten, wir müssen den Salzburgern unbedingt psychedelischen Rock zeigen", erzählt Gitti Leiningen. Bands wie „The Doors" oder „Grateful Dead" lagen nicht in Reichweite, aber in

München gab es „Amon Düül", eine Truppe mit Kultstatus. Entstanden war sie aus einer Künstlerkommune in der Leopoldstraße. Der Name bezieht sich auf den ägyptischen Gott Amon, was Düül bedeuten sollte, wusste niemand. Die Band trat bei Demos, Sessions und Happenings auf. „Amon Düül" waren eine Nummer – und sie spielten, was für eine Show, im Salzburger Kongresshaus. Es sollte das erste von vielen Konzerten sein, die Gunther Hofmeister veranstaltete, bis hin zum Open Air in Hellbrunn in den 1980er Jahren.

Er war auch in diesem Bereich ein Pionier. Auftritte von Rockbands waren noch nie gesehen in der Mozartstadt, die mehr für ihre konservative Borniertheit berühmt war, mit alljährlichen Höhepunkten während der Festspielzeit. Hofmeister holte im Lauf der Jahre die Prominenz der österreichischen Szene an die Salzach, die „Hallucination Company" etwa mit Hansi Lang am Mikrophon und Harri Stojka an der Gitarre oder die linke Skandaltruppe „Drahdiwaberl" mit Stefan Weber. Bei beiden Bands spielte übrigens ein gewisser Hansi Hölzel, aus dem später Falco wurde, am Bass.

Wie aber gelang das sensationelle Engagement von „Amon Düül"? Ganz einfach: Gunther und Gitti reisten nach München und fragten die Kommunarden. Die sagten zu. Das Konzert entpuppte sich als Riesenerfolg. Sogar die zum Saalschutz und zur Überwachung abgestellten Polizisten rockten mit. Danach war das „Top News"-Trio in Salzburg endgültig bekannt wie die bunten Hunde.

In der Stadtvilla von Hilmar Haebler in ihrem ruhigen Park in Aigen war inzwischen auch der Teufel los. Man nannte das „Party" und es war ziemlich neu. Es gab etwas zu essen und unglaubliche Gäste.

„Der Gunther hat einfach gesagt, er macht eine Einladung, und schwupp, war das Haus voll. Er hat das immer mit einer unglaublichen Leichtigkeit zu Stande gebracht", sagt Haebler und blättert im alten Gästebuch. „Er hat die Künstler hergeholt." René Kollo war zu Gast. Michael Heltau war da. Silvia und Gottfried Reinhardt haben sich eingetragen, der britische Schauspieler James Mason, sein österreichischer Kollege und Jedermann-Darsteller Walther Reyer mit Frau, die Sänger Alfredo Kraus und Mirella Freni und, ein ganz besonders gelungener Coup, der amerikanische Schauspieler Clint Eastwood. Das soll ein in mancherlei Hinsicht außergewöhnlicher Abend gewesen sein, wird erzählt.

Bald war von „Gunthers Partys" die Rede. Sogar Magda und Romy Schneider sind aufgetaucht. Glücklich unter den Salzburgern, wer kommen durfte. Sehr viele waren es nicht. Hofmeister war stets wählerisch. Er war ein großartiger Gastgeber, konnte Menschen zusammenbringen, aber wenn sie nicht berühmt waren, so mussten sie wenigstens klug, gebildet, schön oder jung sein, am besten alles zusammen.

Wenig erstaunlich, dass der einzige österreichische Weltstar dieser Ära zu Hofmeisters Bekannten zählte. Der um zwei Jahre jüngere Helmut Berger hatte in Salzburg die Hotelfachschule besucht. Seine Eltern waren Pächter des Braugasthofes in Kaltenhausen. Groß gemacht haben ihn eine Reihe von Kinofilmen. Mit seinem Regisseur Luchino Visconti verband den bisexuellen Berger eine Beziehung, die bis zu Viscontis Tod im Jahr 1976 halten sollte. Berger galt als eine Ikone der Maßlosigkeit und Ausschweifung. Auf seine Einladung hin reisten Hofmeister, Leiningen und Nölli nach Rom in die Villa Viscontis, wohin der junge Berger gezogen war und wo es Partys zu feiern gab. Auf der Zugreise dorthin war auch die Idee entstanden, eine Boutique in Salzburg zu eröffnen.

Wie Gunther Hofmeister all die anderen Schauspieler, Sänger, Regisseure, Musiker nach Aigen oder später in die eigene Stadtwohnung brachte, ist eines seiner Mysterien, auf die keine eindeutige Antwort zu finden ist. Für einige Gäste, wie etwa Romy Schneider, war Helmut Berger die Brücke.

Aber der Rest? Vielleicht ist die einfachste Lösung die richtige: „Ach, weißt Du, wenn einmal ein paar Promis da sind, werden auch die anderen ganz scharf. Außerdem hat's immer etwas Gutes zu rauchen gegeben", sagt der Freilassinger Benno Kittl. Er betrieb zwei Modegeschäfte jenseits der Grenze in Bayern und war über Jahrzehnte hinweg mit Gunther befreundet.

Eine andere Erklärung lieferte Hofmeister selbst, als er mit großem Vergnügen erzählte, wie es kam, dass zwei Kinder von Liz Taylor und Richard Burton bei einer Party in Aigen auftauchten: „Ich habe irgendwie erfahren, dass sie in Salzburg sind und im Österreichischen Hof wohnen. Ich bin einfach hingegangen und da saßen die Taylor und Burton an der Bar, nicht mehr ganz nüchtern, ehrlich gesagt. Die Kinder waren auch da. Ich fragte sie, ob sie Lust auf eine

Party hätten. Nach einigem Hin und Her erhielten sie die Erlaubnis. Ich musste allerdings zusagen, sie wieder im Hotel abzuliefern." Und so geschah es auch. Das muss 1968 gewesen sein, als Richard Burton auf der Burg Hohenwerfen den Thriller „Agenten sterben einsam" drehte.

In der Stadt bot der Kiosk in der Imbergstraße inzwischen nicht mehr genug Platz für das Geschäft. Hofmeister und Leiningen übersiedelten in die Steingasse. Im Haus Nummer 53 wurde eine Schneiderei eingerichtet, in der zu Spitzenzeiten vier Leute nähten.

Die Boutique „Top News" siedelte weiter vorn in der Steingasse 5, gleich neben „Das Café", das von Peter Daimler geführt wurde, dem Kompagnon von Udo Proksch. Es war eines der ersten so genannten Szene-Lokale. Geöffnet wurde bereits um 11.00 Uhr, zu essen gab es Butterbrot mit Schnittlauch und wer immer auf sich hielt beim Schuleschwänzen, tat es dort. Buntes Leben zog in die dämmernde Steingassen-Nachbarschaft ein, und auch anderswo: Unerhörterweise hatte es Gunther Hofmeister sogar zuwege gebracht, im bürgerlichen Heiligtum, dem Carabinieri-Saal der Residenz, eine viel beachtete Modenschau zu veranstalten.

Nicht nur während der Festspielzeit ging in der Boutique in der Steingasse die Hautevolee aus und ein, die Jeunesse Doree sowieso. Von Hofmeister geschneiderte Abendkleider waren begehrt. Wer es sich leisten konnte, ließ sich Hosen, Sakkos und Hemden anpassen. Es gibt Leute, die heute noch Gunthers Sachen mit sentimentaler Liebe aufbewahren und sogar tragen.

In liberaleren Bürgerkreisen war er mittlerweile geschätzt und anerkannt. „Die sexuelle Orientierung eines Menschen hat mich noch nie gestört", erzählt Reinlinde Stricker-Neumayer, damals Chefin des Stoffgeschäftes Mayer & Neumayer. „Ich hätt' auch nie schlecht geredet." Hofmeister habe Umgangsformen gehabt, sei freundlich gewesen und charmant, eine Erscheinung. „Er hat oft Stoffe bei uns gekauft. Meist ist er mit seinen Kunden gekommen." Was der Chefin noch in Erinnerung geblieben ist: „Er war einer der Wenigen, die das Feeling gehabt und genau gewusst haben, was dem Menschen passt, der vor ihm steht. Welcher Stoff, welches Material, Farbe, Muster und Schnitt."

Als „unwahrscheinlich liebenswürdigen und liebenswerten Menschen" beschreibt ihn Manfred Muhr, langjähriger SN-Redakteur, dessen Familie Besitzer des Hauses in der Steingasse war, in dem Hofmeisters Boutique lag. „Wir sind oft in einer Runde im Salzachgrill gesessen und es war immer ein Spaß und ein Ereignis."

Angekommen? Gunther Hofmeister war Teil des Stadtbildes geworden. Wer nicht ganz ohne Öffentlichkeit lebte, kannte ihn jedenfalls vom Hörensagen. In Aigen wohnte er schon einige Zeit lang nicht mehr. Erst gab es eine Wohnung in der Vierthaler-Straße im Andräviertel, dann in der Steingasse 3, in dem Haus, in dem seit fast 30 Jahren das Gastlokal „Fridrich" glasweise Wein ausschenkt.

Aber noch immer schlugen ihm Feindseligkeit und Misstrauen entgegen. Bürger fürchteten um ihre Söhne: „Dass ihr mir ja nicht zum Gunther geht's!"

Was, wen wundert es, kaum gefruchtet hat.

Grund zur Sorge gab es ohnedies wenig. Schwul wurde man nicht, man war es – oder eben nicht. Außerdem verabscheute Hofmeister jede Art von hartem Sex. Er umgab sich gerne mit schönen jungen Männern, das schon. „Meine Bettvorleger", spottete er einmal. In Wahrheit brachte er seinen Eleven eine aufregende neue Welt näher. Er zeigte, dass einer sein konnte, wie er geschaffen war, dass der Geist frei ist und die Konvention nichts als brüchige Fessel. Er lehrte Benehmen und Stil und Bücher lesen und darüber nachdenken und in Konzerte gehen und sie verstehen.

Einem jungen Internatszögling, der es erdulden musste, dass sich Erzieher zu ihm ins Bett legten, öffnete Hofmeister den Weg zu den Frauen. Das war so weit hergeholt nicht, denn Gunther mochte das Weibliche und Frauen mochten ihn. Er war ein gebildeter und schöner Begleiter, mit dem es nie langweilig wurde – und vor allem: Man war sicher vor Belästigung. Eine höchst angenehme Kombination, zumal der gesellschaftlich angesagte Männertyp der Playboy war, braungebrannt, mit tollem Auto und kleiner Badehose. Frauen und Mädchen galten als einzusammelnde Bunny-Trophäen. Da bot Hofmeister eine reizvollere Alternative. So konnte, wer jemanden suchte, bei Gunther alles finden, Mann oder Frau.

„Er hat uns vorgelebt, dass es mehr gibt in der Beziehungswelt als Kirche, Bürgertum und Trauschein. Dass es auch Mann und Mann gibt, Frau und Frau, ob alt und jung, arm und reich, einmal so, dann wieder anders, und dass es völlig egal ist", sagt Franz Königsberger. Das war revolutionär. Weil was hatte die Gesellschaft in den 1960er und 1970er Jahren für eine Vorstellung davon, was ein Schwuler war? Nicht wenige dachten an Heilung und ansteckende Krankheit. Und dann taucht dieser Hofmeister auf, kultiviert, klug, feinsinnig, zurückhaltend. Als eines der ersten Dinge hat man gelernt, dass Homosexuelle genau wie Heteros nicht 24 Stunden am Tag an Sex denken.

Und was war man stolz, zu Gunthers Auserwählten zu gehören.

Immer wieder erzählten junge Burschen flüsternd, dass Gunther „auf sie steht", was in den allermeisten Fällen reine Angeberei war. Gerne hätten so manche erlebt, wie es denn wäre, verführt zu werden. Die meisten bangten vergeblich, verhedderten sich in seinen erotischen Netzen – oder nahmen schleunigst Reißaus.

Mit dem Modegeschäft in der Steingasse war es inzwischen vorüber. Es dürften finanzielle Gründe gewesen sein, die zur Schließung der bekannten Boutique führten. Überhaupt das Geld. Eine nie endende Katastrophe. Wenn er es hatte, gab er es aus, am liebsten für andere Menschen, die er kleidete und reich beschenkte. Überhaupt wollte es scheinen, dass Hofmeister junge Männer lieber anzog als auszog. Geld aber war ihm schlichtweg egal. Wenn er keines hatte, eben nicht. Die persönlichen Ansprüche waren asketisch. Ebenso wenig wie Geld konnten ihn Essen, Alkohol, teure Reisen, Autos oder Drogen interessieren, mit einer Ausnahme: die geliebten Joints, die er bis zu seinem Lebensende rauchte. Doch wie immer die Lage sein mochte, Gunther Hofmeister kam wie ein Fürst, selbst wenn er seine Sachen vom Flohmarkt holte.

Schönheit war, was er wollte. Schönheit war, was er kreierte. Sie war sein Leben, seine Liebe.

In Salzburg zogen die 1980er Jahre ins Land. Hofmeister war gemeinsam mit Wolfgang Willwerding in der „Arge Jugend" aktiv. Jugendkultur war zum großen Thema geworden. Die Politik sah sich nach den wilden 68er Jahren bemüßigt, für Ruhe und Ordnung und geregelte Bahnen zu sorgen. „Die Langhaarigen" regten nur mehr die verbohrtesten Reaktionäre auf. Bei den politischen Jungen wurde der Marsch durch die Institutionen debattiert. Es gab endlose Podiumsdiskussionen und zähe Verhandlungen um ein so genanntes Jugendkulturzentrum, aus dem schließlich die Arge Rainberg wurde. Willwerding schuf mit „Die Zeitung" ein wenig Gegenöffentlichkeit. Die „Salzburger Nachrichten", unbestrittener Platzhirsch, standen festgefügt und konservativ-bürgerlich.

Gunther Hofmeister eröffnete in der Chiemseegasse das „Zabrak". Es war ganz und gar zeitgemäß ein Jugendlokal, geführt als Verein. Das „Zabrak" bestand aus einem schummrigen, lang gezogenen Raum. Stoffbahnen dienten als Teiler. „Wie eine Karawanserei", erzählt ein Stammgast. Spezialität: Cocktails in grellen Farben und mit schrägen Namen, so „Zarathustra" in kobaltblau. Dem Lokal war keine lange Existenz beschieden.

Mit dem „Beluga" startete Hofmeister einen letzten Versuch. Mit Partnern sanierte und eröffnete er ein kleines, an der Imbergstraße gelegenes Haus als Lokal. Heute heißt es „Watzmann". Hofmeister sorgte wie üblich für die Einrichtung. Unten fand sich eine Bar, oben wurden Tische zum gemütlichen Sitzen und Plaudern geboten. Das Projekt scheiterte. Für Gunther Hofmeister war Salzburg zu Ende.

Tief enttäuscht verließ er die Stadt.

Man schrieb 1989.

Gunther Hofmeister war 47 Jahre alt.

Sein zweites Leben führte ihn nach Wien. Aus der Salzburger Zeit hat er nie viel erzählt. Wahrscheinlich, weil er sich gar nicht als Pionier begriff. Er hat seine Kraft und seinen Mut ja nur darauf verwendet, sein zu können, wie er ist und tun zu können, was seine Talente ermöglichen. Vielleicht gründet genau darin der Glanz dieses Menschen.

Auf der Bühne an der Salzach war seine Rolle zu Ende. Die rigide Nachkriegsnaivität war im Verschwinden. Viele Forderungen der 1968er waren umgesetzt. Der Aufbruch verplätscherte. Hofmeister hat der Stadt Toleranz und Offenheit vorgelebt. Den Homosexuellen gab er erstmals ein Ansehen. Sein Auftritt kam zur richtigen Zeit. Alles war bereit für Neues. Der Mief hatte keine Chance mehr. Jetzt aber, Anfang der 1990er, war Gunther wie ein Prophet, der nicht mehr gebraucht wurde.

„Immer erst wenn du tot bist, bist du wer", sollte er später sagen, und dass Salzburg wie ein prachtvoller Friedhof sei, eine Stadt, in der man wunderschön sterben könne.

In Wien wohnte Gunther Hofmeister in der Lenaugasse 34 im VIII. Bezirk. Die ersten Jahre war er Geschäftsführer der In-Disco „P 1". Später eröffnete er das „Café Lenau", das er wie üblich selbst gestaltete. Geschäftlich wurde es kein Erfolg.

Bis zum Pensionsalter arbeitete Gunther Hofmeister schließlich beim Herrenmodengeschäft „Jelesitz" in der Währingerstraße.

Nach wie vor richtete er Wohnungen ein und beriet in Modefragen. Ein faszinierender Freundeskreis war in der großen Stadt entstanden, darunter Fotografen, Journalisten, Künstler. Der Musiker Günther Mokesch zählte dazu und natürlich Falco, ein Bekannter noch aus Salzburger Zeiten. Hofmeister hatte Falco nach Salzburg geholt, als der noch Hansi Hölzel hieß. 1986 feierte Falco bei einem Open Air auf dem Residenzplatz vor dem Dom einen großen Triumph. In Wien entstand zwischen den beiden Männern trotz oder vielleicht gerade wegen des Altersunterschieds von 15 Jahren eine Freundschaft. Man besuchte sich, telefonierte viel. Falcos Gitarre stand in Gunthers Wohnung.

In Wien wurde Gunther zum Stargast, unterhielt blendende Kontakte zur Modeszene, war zu den schillerndsten Veranstaltungen eingeladen, war sogar selbst auf dem Laufsteg. Immer wieder erkundigten sich Leute nach ihm, die ihn nur ein einziges Mal auf einer Party getroffen hätten, erzählt Markus Pitterle, der Gunther 1998 in Wien kennenlernte, in die Lenaugasse 34 zog und Hofmeister durch sein zweites Leben begleitete.

Nach wie vor pflegte Gunther, was er sein ganzes Leben lang am liebsten tat und was ihm stets am meisten Spaß bereitet hat: Als Gastgeber einen Abend inszenieren. Gunther führte Regie. Die Einladungen wurden sorgfältig zusammengestellt, die Gästeliste konnte zuweilen auch überraschen. Es ist vorgekommen, dass er einen unbekannten Passanten, der ihm gefiel, als letzten Gast zum Essen bat. Gunther konnte wunderbar kochen, das Ambiente von Blumenschmuck bis zu Düften und Gerüchen schuf er mit wenigen Handgriffen. An diesen Abenden ging es um Schönheit und Ästhetik, um Philosophie und Literatur, um spannende Gespräche, das war in Wien nicht anders als in Salzburg.

Doch in Wien war Gunther Hofmeister glücklich. Glücklicher als in Salzburg wenigstens. Die Rastlosigkeit und der Tatendrang, die künstlerisch begabte Menschen so gnadenlos treiben können, ließen langsam nach. Mit den Jahren wurde es auf der inneren Bühne ruhiger. Etwas Gelassenheit stellte sich ein.

Viele sagen, er habe sich verzettelt. Ihm waren nur das Schöpferische und das Gestalten wichtig, das Neue. Wenn es dann entstanden war, verlor er rasch das Interesse. Ein so vielseitig begabtes Talent hätte einen Manager gebraucht, sagen Freundinnen und Freunde, jemanden, der ihm das Finanzielle abgenommen und Freiraum für Entfaltung gelassen hätte. Ein Modell, wie es Karl Lagerfeld um sich schuf, zu dessen Unternehmen in Berlin Hofmeister in den 1970ern hätte gehen können – er blieb in Salzburg.

Im September 2013 wurde bei Gunther Hofmeister Leukämie diagnostiziert. Das Wilhelminenspital nahm ihn auf. Zwei Monate später starb er. Angst hatte er nicht. Aber ängstlich war er nie. Sonst hätte er eine Stadt wie Salzburg nicht aufmischen können.

Gunther Hofmeister wurde 71 Jahre alt.

Klemens Renoldner

Franz Innerhofer
Die Stadt verschwindet unter den Lodenmänteln

> Wenn er London, Prag, Paris, Florenz und Rom gesehen hätte, so hoffte er, würde er mit Hilfe von Großstadteindrücken die eigene Vergangenheit, seine Erfahrungen im Machwerk für Volksbildung miteingeschlossen, zur Sau gemacht haben.
>
> Franz Innerhofer: *Die großen Wörter*

1

Wenn ich mich an Franz Innerhofer erinnere, so sehe ich zuerst dieses Bild: Wie er im Studentenheim in der Wolf-Dietrich-Straße an der Kasse sitzt und ich bei ihm mein Mittagessen bezahle. Die Mensa im Wolf-Dietrich-Heim war bei uns populärer als jene, die in unserem Studentenheim, im sogenannten *Kapellhaus* in der Sigmund-Haffner-Gasse, untergebracht war – übrigens genau an der Stelle, wo sich heute das beliebte Restaurant *Triangel* befindet.

In der Kapellhaus-Mensa schmeckte uns das Essen nicht, also frequentierten wir, so oft es ging, die Wolf-Dietrich-Mensa. Dort war das Essen zwar auch nicht viel besser als in der Kapellhaus-Mensa, aber doch immerhin ein klein wenig, und aus diesem wenigen Grund sind wir immer wieder über die Staatsbrücke und das sogenannte *Platzl* (das bald *Stefan-Zweig-Platz* heißen wird) durch die Linzer Gasse hinauf und zum Wolf-Dietrich-Heim gegangen. Noch heute, wenn ich durch die Wolf-Dietrich-Straße gehe, versuche ich herauszufinden, wo sich damals die Portiersloge des Heimes befand, wo jener Platz war, an dem Franz Innerhofer saß und mir den Essensbon verkaufte. Im Wolf-

Dietrich-Heim wohnten damals nicht nur Studenten, auch Professoren, Assistenten und Sekretärinnen der Universität wohnten hier, vorübergehend waren sogar universitäre Institute hier untergebracht.

Ich sah Innerhofer auch bei unseren Vorlesungen am Germanistik-Institut in der Akademiestraße 20, man traf ihn häufig bei den Dichterlesungen des *Literaturforums Leselampe* oder in dunklen Lokalen. Ich saß in den Nächten nie an seiner Seite, seine Freunde waren zwar unsere gemeinsamen Studienkollegen, wir aber grüßten vom Nebentisch.

Dass „der Franz" an einem Roman arbeitete, das wussten wir. Aber damals arbeiteten so manche von uns an einem „Roman". Jener von Innerhofer erschien dann tatsächlich, das war im Herbst 1974 und es gab einen unglaublichen Knalleffekt. Über diesen Erfolg des Romans *Schöne Tage* freuten wir uns sehr. Als wäre es, ein klein wenig, auch unser Erfolg gewesen. Innerhofers erschütternder Bericht über seine Kindheit, über die auf dem Bauernhof erlebten Quälereien, Demütigungen und Erniedrigungen sowie die scharfe Kritik an der tyrannischen Herrschaft des Vaters, der Knechte, Mägde, ja seine eigenen Kinder seelisch zerbrach, beeindruckte uns. *Schöne Tage*, dieses Buch einer Revolte, besitzt auch heute noch eine ungeheure Wucht. Innerhofer hatte mit diesem Text, das konnte jeder verstehen, nicht nur die Erfahrungen seiner eigenen Kindheit und Jugend aufgeschrieben, er hatte die herrschende Kaste in wildem Furor attackiert. Das hat sie ihm nicht verziehen.

Wir waren stolz, dass einer aus unseren Reihen so lange an einem literarischen Vorhaben gearbeitet und es bis zum Schluss „durchgezogen" hatte, und dass das Manuskript von dem damals bedeutendsten Verlag für zeitgenössische österreichische Literatur, dem Residenz Verlag, angenommen und verlegt wurde, und dass das Buch einen Skandal ausgelöst hat. Die Empörung über Innerhofers Buch war enorm. Damals gab es den Begriff „shitstorm" noch nicht, aber das war es. Wochenlang konnte man in den Zeitungen von der Wut lesen, mit der Salzburger Bauern, und nicht nur die Pinzgauer, dem Innerhofer Franz am liebsten an die Gurgel gesprungen wären und dabei verlangten, sein Buch, mit dem er angeblich den gesamten Bauernstand in den Dreck gezogen habe, solle verboten und dürfe in den Buchhandlungen nicht verkauft werden.

Einen weiteren Aufschrei gab es dann noch einmal, nachdem *Schöne Tage* 1981, sieben Jahre danach, im Fernsehen gezeigt wurde. Die autoritären Erziehungsmuster, die damals noch in vielen Familien (nicht nur in der bäuerlichen Welt) herrschten, mussten öffentlich gemacht, gegeißelt und angeklagt werden.
Innerhofer war ohne Zweifel ein mutiger Rebell, der dafür unsere ganze Sympathie erhielt. Für einige der Kollegen, die ebenfalls aus bäuerlichem Milieu stammten, wirkte das Buch wie ein Befreiungsschlag und noch heute erzählen mir Bekannte, die ihre Kindheit und Jugend auf einem Bauernhof verbracht haben, wie sehr ihnen Innerhofers Roman *Schöne Tage* damals Mut gemacht und geholfen habe, sich mit ihrer Herkunft kritisch zu befassen.
Wenn ich an Franz Innerhofer denke, dann kann ich ihn vor mir sehen: der dunkle Vollbart, der kräftige wilde Haarschopf, sein schwarzer Rollkragenpulli, das karierte Sakko, die hellbraune Schnürlsamthose.

2

Die Stadt Salzburg und die Erlebnisse während seiner Jahre am Gymnasium für Berufstätige sowie an der Universität spielen in Innerhofers Büchern eine wichtige Rolle. Salzburg aus der Perspektive eines Lehrlings, aus der Sicht eines Arbeiters – das gibt es auch in einigen Büchern von Walter Kappacher, aber sonst nicht bei vielen Autoren zu entdecken.
Bei Innerhofer sehen sich die männlichen Protagonisten seiner Romane in heftiger Opposition zu den Reichen und Schönen dieser Stadt. Sie bleiben Außenseiter und nie wird die Stadt zu ihrer Heimat. Man ist hier nur geduldet, bleibt für immer draußen. Die wohlhabenden Bürger, die die restriktiven Lebensformen definieren und die Stadt im Würgegriff halten, widern Innerhofer an, gegen sie lehnt er sich auf, gegen sie schreibt er an. In dem 1993 erschienenen Roman *Um die Wette leben* spricht der Autor verächtlich nur von der *Festspielstadt*, deren Namen er kein einziges Mal nennt. Das Buch, das die Lebensumstände von Salzburg und Orvieto (wo sich Innerhofer ab 1973 immer wieder aufhielt) ins Verhältnis setzt, berichtet aus dieser Festspielstadt, konstatiert, dass hier ein mürrischer, arroganter Menschenschlag das Sagen habe, jeder habe hier unter dem „*abweisenden Getue*" dieser Menschen zu leiden, die sich zu einem Fremden nicht herablassen, ja die „*erst gar nicht mit einem redeten*".

Salzburg, das ist in den Büchern Innerhofers eine eingebildete, eitle Hochglanzwelt, in der die Einwohner erniedrigt und ihre Bedürfnisse trivialisiert werden, und in der selbst intellektuell anspruchsvolle Personen, die versuchen ihr zu widerstehen, zerstört werden: *„Ihr tagtäglicher Glanz raffte jeden Tag alles Geistige und Bewusste hinweg. Auch jene, die glaubten, die Stadt ignorieren zu können, kamen auf Dauer nicht selten unter ihrem Glanz lieblich lächelnd zum Erliegen."*

Man könnte viele Beispiele anführen, die Innerhofer empören. Erstaunlich sind so manche opportunistische Wendungen im Nachkriegsösterreich, und zwar von Personen, die kurz zuvor schon im Dritten Reich Karriere gemacht haben. Innerhofer spitzt es zu: Während der Schriftsteller Karl-Heinrich Waggerl, ein begeisterter Hitler-Verehrer und ab 1939 gar „Landesobmann der Reichsschrifttumskammer im Gau Salzburg", jeden Advent im Großen Festspielhaus mit brüchiger Stimme seine pseudobesinnlichen Geschichten vorliest, steigen andere *„über viele Stufen an der Felsenreitschule vorbei den Berg hinauf und schleppten sich oben bis zur fast immer todsicheren Terrasse. Diese wurden dann immer registriert und von Zeit zu Zeit zusammengerechnet, und alles ging, noch während des Fallens, gezähmt, frisch und unbedacht weiter".*

Die Relation Salzburg und Suizid, Schönheit und Tod ist also keineswegs auf Thomas Bernhard beschränkt, dazu hat auch Franz Innerhofer einiges zu sagen: *„War immer alles nahe beieinander, Tod, Festspielhaus und Festung. Verzweiflung, arroganter Kunstsinn und darüber thronendes Machtgemäuer und viel Klösterliches und Kirchenfürstliches darunter, mit bestfunktionierendem Gehorsam, Meuchelgedanken, Fleiß und Geschäftssinn. Viel Loden und wieder Loden."*

Die in der Tat etwas skurrile Vorliebe, mit der viele Stadtbewohner ihr Fleisch in modisch gestylte bäuerliche Tracht zwängen, musste den Spott des Kleinhäusler-Sohnes aus dem Pinzgau herausfordern. Also stellt er sich vor, dass die ganze Altstadt mit Trachten verdeckt und verkleidet sein könnte, dass alle Gebäude, ja sogar Tankstellen und Gewerbegebiete eines Tages hinter der Trachtenverkleidung verschwinden.

In dieser Altstadt fühlen sich die Protagonisten von Innerhofers Büchern nicht zu Hause. Als Fremde irren sie herum. Fremd fühlen sie sich auch deswegen, weil in dem alten Gemäuer nur noch wenige Menschen wohnen. Und daher könne man, so berichtet der Erzähler, in der Salzburger Altstadt nicht einmal eine „*Frauenbekanntschaft*" machen, „*alle Frauenbekanntschaften hatte er außerhalb der Altstadt gemacht*". Was bleibt sind Fluchtphantasien. Einer von Innerhofers Alter Egos stellt sich sogar vor, sich in einem fernen Land einem Revolutionskommando anzuschließen.

Dann wieder entdecken wir auch versöhnliche Zeilen, wo von einem zauberischen Salzburg die Rede ist. Aber das Glück schlägt schnell in Zorn um. So lesen wir in Innerhofers drittem Roman *Die großen Wörter* (1977), dass der Protagonist Holl „*voller Sentimentalitäten für und gegen die Stadt*" sein konnte: „*Ging er doch oft an Sommerabenden allein spazieren, um sich ihrem Beleuchtungszauber hinzugeben. Innerhalb eines Atemzuges konnte es passieren, daß er die Faust gegen die längst von den Erzbischöfen und dem erzbischöflichen Hofgesindel verlassene Befestigungsanlage schüttelte.*"

Denn beim Anblick der Festung musste er immer an die Sage von den *Salzburger Stierwaschern* denken, die man hierzulande bis zum Überdruss und mit großem Stolz erzählte und als exquisiten Beweis für die Schlauheit der Eingeborenen strapazierte. Doch wenn er an diese Stierwascher-Story denken muss, wurde ihm – so lesen wir es – „*plötzlich wieder die Dummheit der ganzen Stadt bewußt*".

3

In diesem Roman *Die großen Wörter* hat Innerhofer seine Jahre an einem Salzburger Gymnasium für Berufstätige und seine Zeit als Student der Germanistik verarbeitet. Der Held des Romans liest nun zahlreiche Bücher, er entdeckt die Literatur. Eine kleine Utopie, eine ideale Vorstellung tut sich auf, dass es auch Menschen geben musste, die nicht nur an Karriere und Geldverdienen denken, die nicht nur irgendwelche Positionen erreichen wollten. „*Er sah die Gesellschaft nicht als eine Summe von Stühlen, nach denen die Menschen streben […] sondern hielt immer noch an dem Bild von einer Gesellschaft fest, die auf einer begrenzten Erdoberfläche ihr Auskommen finden musste."* Also sehnt er sich nach einer Lektüre, in der die Menschen nicht geknechtet werden, wie auch ihm dies widerfahren war, sondern er wünscht sich das Buch einer Revolte, einer *„gigantischen Verschwörung"*, in der die bestehende Ordnung *„über den Haufen geworfen wird"*. Dass einer seiner besten Freunde fortwährend von der Errichtung der *Zentrale des Weltkommunismus in Summerau* schwadroniert, das scheint ihm, der sich in vielerlei Polit-Diskussionen einlässt, dann doch zu läppisch. Bezeichnenderweise wird die Lektüre eines Buches über den Spanischen Bürgerkrieg, als sich viele gegen die Diktatur aufgelehnt haben, zur Erlösung.

In Innerhofers Buch werden sie nochmals in Erinnerung gebracht, die leidenschaftlichen, oftmals auch alkoholangereicherten Diskussionen der siebziger Jahre: Sozialisten, Kommunisten, Maoisten, Trotzkisten und alle gegeneinander. Auch über Literatur wird im Freundeskreis gestritten, Innerhofers damalige Freunde sind zu erkennen, Ludwig und Ingram Hartinger, Franz Praher, Alf Schneditz, später auch Georg Schmid. Nach einem Scherz mit dem Schulatlas, einem – wie es heißt – flüchtigen *„Blick auf Brasilien"* und mit der Sympathie für die Unterdrückten in Lateinamerika verabredeten sich die Freunde für eine organisierte Zusammengehörigkeit und gaben sich den phantastischen Gruppennamen *Transamazonika*. Was den einen mehr als Scherz, ja als Parodie auf die Wichtigtuerei literarischer Gruppierungen oder als politische Romantik erschien, war den anderen ein verbindlicher Freundschaftsverbund. Zwei öffentliche Auftritte der Gruppe *Transamazonika* sind verbürgt, viele Jahre später, das war 1987 und 1995. Bei dem zweiten war Innerhofer schon nicht mehr dabei.

Natürlich wird in *Die großen Wörter* auch das studentische Ambiente noch einmal beschworen, die Plattenbauten in der Akademiestraße, die Institute der Germanistik und Psychologie, Anglistik und Romanistik, die vor einigen Jahren verschwunden sind, denn die Universität hat die verlotterten Provisorien endlich aufgegeben und sich ein neues und leuchtendes Gebäude errichtet, sie ist damit sogar um einige hundert Meter näher herangerückt an die Altstadt.

Innerhofer brach nach dem Erfolg seines ersten Romans das Studium ab und versuchte in die Arbeitswelt zurückzukehren, arbeitete als Schlosser in

Garching bei München. Er verlässt „*die grauen, aus Fertigteilen errichteten Gebäude[] der Universität*", und als er sich verabschiedet, und sich noch einmal vor diese Gebäude stellt, stellt sich kein Gefühl ein: „*Keine Reue, kein Haß, kein Bedauern. Höchstens ganz leicht das Gefühl, als ob ich eine Grabstätte verlassen hätte.*"

Die Universität erscheint ihm nun rückblickend als ein Ort, an dem er nicht zu sich kommt. Spöttisch berichtet er über die Sprach- und Literaturwissenschaftler mit ihren skurrilen Wichtigkeiten. Später wird er feststellen, dass er sich mit Arbeitern besser verständigen kann und dorthin gehöre. Er war „*ein der Arbeit Entlaufener unter Menschen mit dünnen Fingern, die von Produktionsbedingungen, Hand- und Kopfarbeit und Entfremdung sprachen. Das konnte auf die Dauer nicht gutgehen.*"

Vermisst werden nun seine Salzburger Freunde. Die Studierzeit taucht in der Erinnerung auf. Seinem Freund Takuner, wir erkennen darin den Studienkollegen Franz Praher, widmet er ein besonders warmherziges Porträt:

„*Wie unzertrennliche Brüder waren wir durch die elendsten Straßen im Stich gelassener Stadtviertel gezogen und hatten uns gegenseitig begeistert. Wir hatten dieselben Fächer studiert und hatten dieselben Vorlesungen besucht und auf dieselben Professoren geflucht ... Hatten wir alle Lebenswerte der Bürger bestritten und uns an die unerreichten Ziele von Selbstmördern oder schon früh der Armut oder dem Wahnsinn ausgelieferten Idealisten gehalten. ... Bei Prüfungen hatten wir den Erfolg verachtet, und nur das Mißlingen war uns wertvoll genug erschienen, um danach in schäbigen und schlecht beleuchteten Lokalen in Gesellschaft ausweglos verlorener Menschen zu feiern. Alle Vorträge ganz und gar mittelmäßiger Poeten hatten wir besucht und sie aus purer Freizügigkeit mit Kritik und Sympathie überschüttet und ihre Erbärmlichkeit mit schönen Ausreden geschmückt.
Aber damit war es nun vorbei.*"

4

Über seine Zeit im Wolf-Dietrich-Studentenheim erfahren wir einiges in dem Roman *Der Emporkömmling* (1982):
„Das Zimmer, in das ich mich immer mehr zurückgezogen, in dem ich mich zu einem leblosen, schweigsamen Geschöpf verwandelt hatte, war lang und sehr schmal. Die Einrichtung bestand aus einem hohen Schrank, einem aufklappbaren Bett, einem Bücherregal, einem Schreibtisch und zwei Stühlen und war auf einer Seite an der Wand entlang aufgestellt, sodaß zum Fenster hin, wo der Schreibtisch stand, eine Art Gang frei war. Zum Zimmer gehörte auch noch ein winziger Vorraum mit einem Waschbecken und einer Garderobe. Alles zusammen nicht ganz neun Quadratmeter, die zum Ersticken vollgeräumt waren. Einige hundert Meter hinter Dächern und Häusern erhob sich steil ein mit Mischwald überwachsener Berg, über dessen Spazierwege ich oft gewandert war."

Schon im Roman *Die großen Wörter* ist davon die Rede, dass der Held während seiner Zeit an der Abendschule „*heimlich Gedichte zu schreiben*" begonnen hatte. „*Er wollte Schriftsteller werden, obwohl er in den vier Jahren, was das Schreiben von Aufsätzen betraf, sprachlich keine nennenswerten Fortschritte gemacht hatte.*" Auf dem Kapuzinerberg aber geschah das Außerordentliche, „*mit diesem Berg verband mich viel*", lesen wir nun im *Emporkömmling*, es handelt sich um das entscheidende Erlebnis, eine Bestätigung, dass er als Künstler, als Schriftsteller arbeiten werde.

„*Es war an einem Wintertag. Ich ging langsam an schwer mit Schnee behangenen Fichten vorbei den mittleren Hang hinunter, und plötzlich fällt mir ein kurzes Gedicht ein. Ich konnte es fast nicht glauben, aber das Gedicht ließ sich nicht mehr wegschieben. Ich konnte es prüfen, soviel ich wollte, es war nicht nachgemacht. Es stammte tatsächlich von mir. Eine ungeheure Erleichterung überkam mich. Innerhalb weniger Augenblicke war etwas passiert, das mich von allen Zweifeln erlöste. Ich wußte plötzlich, daß ich es schaffen würde. Es ist keine Einbildung gewesen! Es ist tatsächlich möglich! Endlich wußte ich, daß die Fähigkeit zum Schreiben entwickelbar ist. Endlich hatte ich alle, die von Genie und angeborenem Talent redeten, los. Endlich wußte ich, daß sie nur schwatzten. Das war ein großer Tag.*"

5

Franz Innerhofer, Schriftsteller, wurde am 2. Mai 1944 in Krimml geboren. Von 1950-1961 lebt er bei seinem Vater in Litzldorf, Gemeinde Uttendorf. Nach einer Schmiedelehre arbeitete er als Schlosser in Salzburg und absolvierte hier die Abendmatura. Er studierte von 1970 bis 1973 Germanistik und Anglistik an der Universität, zwei Jahre wohnte er im „Wolf-Dietrich-Studentenheim", wo er als Portier Geld verdiente. 1974 erscheint sein erster Roman *Schöne Tage*, es folgen die Romane *Schattseite* (1975) und *Die großen Wörter* (1977), die Erzählungen *Der Emporkömmling* (1982), *Um die Wette leben* (1993) und *Scheibtruhe* (1996). Nach zahlreichen Reisen sowie Aufenthalten in Italien, Frankreich und in der Schweiz (und immer wieder in Orvieto!), lebte er ab 1979 – mit einigen Unterbrechungen – vor allem in Graz. Hier nahm sich Franz Innerhofer am 19. Jänner 2002 das Leben. Er wurde 57 Jahre alt.

Karl-Markus Gauß hat in seinem Journal *Von nah, von fern* (2003) eine Würdigung des Autors versucht, die ich hier weder paraphrasieren noch kurzfassen mag, die ich aber jedem, der sich für Innerhofer interessiert, ans Herz legen möchte: Sie ist in dem genannten Buch auf den Seiten 17–21 zu finden. Gauß ist außerdem der Verfasser eines bemerkenswerten Nachwortes zu einer Neuausgabe von *Schöne Tage*, die im Jahr 2011 im Residenz Verlag erschienen ist. Wer sich detaillierter über die Lebensgeschichte Franz Innerhofers informieren möchte, der lese Frank Tichys Buch: *Franz Innerhofer. Auf der Suche nach dem Menschen*, das 2004, zwei Jahre nach Innerhofers Tod, im Residenz Verlag erschienen ist, und zahlreiche Auskünfte und Erinnerungen von Freunden, Bekannten und Verwandten versammelt.

Die Bücher von Franz Innerhofer sind im Residenz Verlag erschienen und im Buchhandel erhältlich.

6

In Salzburg holt Franz Innerhofer zu einem Generalbefund aus:
„Österreicher, ein an sich noch von der Monarchie her bequemer, sich überschätzender Menschenschlag, fügten sich gerne in das Untertanenmäßige

und waren dafür im Urteilen über Menschen angrenzender Länder gar nicht zimperlich. Für jeden Blödsinn brauchten sie Leiter und Vorgesetzte, um sich vor ihnen fürchten und hinter ihrem Rücken über sie herziehen zu können. [...] Menschlich freilich hielten es nicht alle durch. Aber das waren einzelne, die sich umbrachten oder in der Psychiatrie verschwanden, die zählten nicht." (Die großen Wörter)

7

Jeder weiß, dass ein Suizid viele Motive und komplexe Ursachen hat und dass wir nicht mit einfachen Erklärmustern zu Werke gehen dürfen. Unsere Hausmeisterpsychologie ist hier untauglich. Also hüte ich mich zu Innerhofers tragischem Tod eine Erklärung abzugeben.

Ich lese wieder in seinen Büchern und finde diese Passage:
„*Ich war doch nur freier und beweglicher als die anderen, weil mich der Gedanke, jederzeit Selbstmord begehen zu können, beruhigt hat.*"
„*Soll ich mir*", so heißt es weiter, „*lebenslänglich die Lächerlichkeit dieser Gesellschaft gefallen lassen? Mit Menschen leben, die noch immer nichts anderes gelernt haben, als sich gegenseitig auszubeuten und zu unterdrücken?*" (Die großen Wörter)

In seiner rebellierenden Existenz und, wie jeder nachlesen kann, auch mit seinen Büchern, war Franz Innerhofer mit Salzburg auf leidenschaftliche Weise verstrickt. Es ist an der Zeit, die Bücher neu zu lesen und zur Diskussion zu stellen und ihn von dem Klischee des gescheiterten, versoffenen Dichters zu erlösen. Ja, auch bei Hans Christian Andersen, Ludwig van Beethoven oder Paul Cézanne gibt es exzellente, sehr gute, bessere und einige weniger gelungene Werke. Und auch in ihren Fällen schmälert dies keineswegs den Rang ihres Œuvres.

Werner Thuswaldner

Ruth Jungk
Angst vor einer scharfen Kritikerin

Ruth Jungk war ein bisschen gefürchtet, weil sie mit dem Blick von außen scharfe Urteile über manche Salzburger und Salzburgerinnen fällte. Kaum einmal lag sie damit daneben.

Ruth Jungk hielt nicht viel von Konventionen. Sie war kein bisschen kontaktscheu und fand, als sie 1970 mit ihrer Familie nach Salzburg kam, problemlos Gesprächspartner, vor allem unter jüngeren Leuten, die, selbst mehr oder weniger unangepasst, ähnlich wie sie einen kritischen Blick auf die Gesellschaft hatten. Michael Stolhofer gehörte dazu, Markus Hinterhäuser und andere. Hofrat Peter Krön, damals der oberste Kulturbeamte des Landes, hatte immer ein Ohr für die Familie Jungk und kümmerte sich, wenn es Probleme gab.

Ich war in ihrer Gesellschaft auch als Ansprechpartner gelitten. In der Art, wie sie Kritik äußerte – und Kritik zu äußern, war eine ihrer Lieblingsbeschäftigungen –, verfuhr sie nicht, wie das in ihrer Heimatstadt Wien zu geschehen pflegt, nämlich auf Umwegen, indirekt und in eine Fülle vermeintlicher Höflichkeitsfloskeln verpackt. Ihre Kritik klang gnadenlos unverblümt, zuweilen vernichtend. Sie sah genau, wo Anspruch und Wirklichkeit nicht übereinstimmten. „Erfrischend" war diese Kritik auf alle Fälle. „Unerschrocken" konnte man sie auch nennen. Wer sich aufblähte und sein Pöstchen nur irgendwelchen Mauscheleien zu verdanken hatte, im Grunde aber nur über geringe Fähigkeiten verfügte, wurde gnadenlos auf ein Millimetermaß zurückgestutzt und die weit verbreitete Selbstüberschätzung eingedämmt. Protektionsfälle wurden von ihr in aller Deutlichkeit als solche benannt.

Oft lief man ihr in der Stadt über den Weg. Diese Begegnungen arteten jedes Mal in ein längeres Gespräch aus. Es war ein Austausch von Meinungen. Nach der Reihe wurden Leute, die sich gerade besonders hervortaten, besprochen, mehr als das: bewertet. Die Übereinstimmung in den Urteilen, meist weit abweichend von den gängigen Einschätzungen, war jeweils auffällig groß. Das waren kleine Gerichtsverfahren. Ruth Jungk benützte die Gespräche – das ging unterschwellig vor sich – auch dazu, um Informationen, gleichsam Beweismaterial gegen den einen oder die andere zu sammeln.

Die persönlichen Begegnungen mit ihr waren das eine, die Telefonate das andere. Kaum jemand anderer hat das Telefon so intensiv wie sie als Kommunikationsmöglichkeit genützt. Das war übrigens damals noch nicht so preisgünstig wie heute. Mit ihrer unverkennbaren Altstimme nannte sie ihren Namen. Oft war der Anrufbeantworter, wenn ich abends heimkam, komplett voll mit einem Monolog von Ruth Jungk. Das ging ja noch an. Aber wenn sie mich in der Redaktion anrief, war es heikler. Denn das waren Anrufe, die sich von meiner Seite nicht auf kurze Antworten auf ein paar Fragen beschränken ließen. Ruth Jungk ließ sich nicht einfach aus der Leitung drängen, sie wollte jeweils ein ausführliches Gespräch. Jeden Versuch, sie abzuschütteln, hätte sie als Affront verstanden.

Dass in einer Redaktion Stress herrschen könnte, konnte sie sich vermutlich vorstellen, aber es interessierte sie gerade nicht sonderlich. Etwas Wichtigeres als ein Gespräch mit ihr war für sie nicht denkbar. Währenddessen stand längst die Sekretärin, die dringend etwas wollte, vor meinem Schreibtisch und hinter ihr ein, zwei Kollegen, die ebenfalls auf eine Auskunft drängten, um ihre Arbeit fortsetzen zu können, und in der Leitung war ein andauerndes Piepsen zu hören, das signalisierte, dass andere Anrufer auf einen Gesprächskontakt warteten. Und da war ja auch noch die Arbeit an einem Artikel, der unter höchstem Zeitdruck hätte zu Ende geschrieben werden müssen. Ruth Jungk war nicht die Einzige, die solche Situationen heraufbeschwor, aber ganz bestimmt der extremste Fall.

Wenn sie einen nach dem anderen über die Klinge ihres nicht gerade feinen oder zurückhaltenden Spotts springen ließ, fragte ich mich, ob sie Ausnahmen machte, ob es vielleicht eine Schutzzone gab, innerhalb der sie eine Beißhemmung hatte. Gab es welche, die von ihr verschont blieben? Es schien, als hätten die jüngeren Leute, mit denen sie ihre spezielle Art der Gesellschaftskritik betrieb, nichts von ihr zu befürchten. Ich zählte mich auch dazu, war allerdings nie ganz sicher, wie viel sie von Fairness hielt und ob sie nicht anderswo heftige Vorbehalte über mich äußerte. Es könnte aber durchaus sein, dass ich ungeschoren davongekommen bin.

Schutzmantelmadonna zu spielen, war jedenfalls nicht ihre Rolle. Aber doch wenigstens in Bezug auf ihren Mann und ihren Sohn? Hatte es nicht geheißen, sie würde ihrem Mann die Beschwernisse des Alltags strikt vom Leib halten, um ihm nur ja die denkbar beste Arbeitsatmosphäre zu schaffen? Und vergötterte sie nicht ihren Sohn, den sie für das kommende schriftstellerische Genie schlechthin hielt?

Das mochte schon stimmen. War aber wohl nur die eine Seite der Medaille. Auf der anderen Seite war zu registrieren, wie gnadenlos sie auch ihren Mann und ihren Sohn ohne Pardon kritisierte. Mit Lob ging sie sehr sparsam um. Wenn sie Andeutungen machte, etwas halbwegs zu goutieren, dann konnte sich ihr Mann geschmeichelt fühlen, denn es war dies das Höchstmaß an Anerkennung, das sie über die Lippen brachte. Nein, auch innerhalb der Familie hielt sie sich mit Kritik, die nicht immer so leicht als „wohlmeinend" zu erkennen war, nicht zurück.

Einer ihrer seltsamsten Anrufe erreichte mich in der Redaktion am 16. Juli 1989 in der Mittagszeit. Es war ein Sonntag, und an einem Sonntag war man als Redakteur allein in der Kulturredaktion. Sie sagte:
„Wissen Sie, dass Karajan heute gestorben ist?"
Dass es stimmte, was sie sagte, war nicht ausgeschlossen, denn Herbert von Karajan war damals sterbenskrank, das war allgemein bekannt, und man rechnete mit dem Schlimmsten. Es war ein paar Tage vor Festspielbeginn. Für Verdis „Maskenball", den Karajan hätte dirigieren sollen, war längst George Solti vorgesehen. Doch keine der Nachrichtenagenturen hatte bis dahin eine

Todesmeldung gebracht. Woher Ruth Jungk die Neuigkeit erfahren haben sollte, sagte sie nicht, versicherte aber:
„Ja, es ist so. Er ist in Saint Tropez gestorben."
Das nun hielt ich für völlig ausgeschlossen. Karajan lag in seinem Haus in Anif, unmöglich der Gedanke, er könnte nach Saint Tropez gebracht worden sein. Einigermaßen verunsichert arbeitete ich weiter. Als Bildzeitungsreporter hätte ich natürlich sofort, ausgestattet mit einer versteckten Kamera, nach Anif fahren müssen, um, womöglich verkleidet als Arzthelfer, persönlich Karajans Puls zu fühlen.

Die Todesnachricht kam als Eilmeldung über den Fernschreiber, als meine Arbeit an diesem Sonntag weitgehend getan war, um etwa 16.30 Uhr. Von Saint Tropez stand allerdings nichts in der Meldung. Wie Ruth Jungk schon Stunden vorher wissen konnte, dass Karajan gestorben war, ist mir bis heute ein Rätsel. Eine Frau, begabt mit Fähigkeiten, die über das Irdische hinausgingen, war sie vermutlich wohl. Klar, dass alle Vorbereitungen für die Montagsausgabe der Zeitung nun für den Papierkorb waren. Der Leitartikel und die gesamte Kulturseite mussten unter höchstem Zeitdruck dem Verstorbenen gewidmet werden. Warum wir nicht einen ausführlichen Nachruf vorbereitet hatten? Es muss mit Pietät zu tun gehabt haben. In anderen Fällen ist es sehr wohl geschehen. Der Schreiber des Nachrufs von Winston Churchill etwa ist vor Churchill gestorben. Es wundert einen nicht völlig, wenn in einem Bericht über Ruth Jungk zu lesen stand, sie sei bei den Salzburgern nicht sehr beliebt gewesen und habe als schwierige Person gegolten. „So erzählt man sich, dass Taxifahrer nur mehr auf freiwilliger Basis Ruth Jungk fuhren. Eine andere Anekdote schildert, dass Robert Jungk einst während eines Vortrags die Polizei zur Entfernung einer Person in der letzten Reihe seiner Zuhörer rief. Diese Person störte anhaltend durch Zwischenrufe und Provokationen seinen Vortrag. Die Person war – seine Frau gewesen."

Einer, der ein Lied vom Ehepaar Jungk singen konnte, war der Kellner Herr Wolfgang im Café Bazar (nicht der jetzt im Bazar amtierende Herr Wolfgang, sondern sein namensgleicher Vorgänger). Wenn das Ehepaar auf der Terrasse saß, um die in- und ausländischen Zeitungen zu lesen, war er durch fortwährende kleine Anweisungen bis auf Weiteres vollkommen ausgelastet. Hoch geachtet war der Oberkellner vom Salzachgrill, wo das Ehepaar Jungk oft zu Mittag aß. Ruth Jungk kochte nicht. Dieser Oberkellner brachte für die beiden Gäste aus der Steingasse alle Geduld und Freundlichkeit der Welt auf.

Das geistige Klima in Salzburg in den siebziger Jahren des vorigen Jahrhunderts versprach das Ende einer langen Zeit der Lähmung. So kam es mir vor. Es herrschte Aufbruchsstimmung. Neue Initiativen kamen in Schwung, in der Stadt und auf dem Land wurden mehrere Kulturzentren gegründet. Die politische Führung war entschlossen, Zeichen zu setzen. Teile der Universität gaben den Elfenbeinturm auf und mischten sich in das Kulturleben ein. Mein Studium damals sehe ich im Rückblick als eine überaus ergiebige Phase, vor allem auf Grund anregender Lehrer in den Disziplinen Germanistik, Geschichte und Sprachwissenschaft. Ein angenehm weiter Horizont, Interdisziplinarität und die engagierte Teilhabe am kulturellen Leben außerhalb der Universität waren auffällige Merkmale. Die Annahme allerdings, dass in anderen Fächern ein ähnliches Niveau und ähnliche Lebendigkeit üblich sein würde, beruhte, wie mein Besuch bei anderen Lehrveranstaltungen ergab, auf reinem Irrtum. Vielfach hatten auf schnellem Weg zu Universitätsprofessoren mutierte Mittelschullehrer das Sagen. Das studentische Leben war nicht besonders stark ausgeprägt, denn die Studierenden kamen vor allem aus dem Innviertel, fuhren am Donnerstag nach Hause und kamen am Montag oder Dienstag wieder zurück.

Das war das Salzburger Klima in der beginnenden „Kreisky-Ära", mit dem es der Zukunftsforscher Robert Jungk und seine Familie zu tun bekamen, als sie hierher kamen. Er, seine Frau Ruth und der Sohn Peter Stephan, der gerade seine Gymnasialjahre abschloss, wurden nicht als krasse Außenseiter gesehen. Dennoch: Warum war Salzburg für die Familie so attraktiv? In seiner Biografie mit dem Titel „Trotzdem. Mein Leben für die Zukunft" schrieb Jungk 1993, dass die Stadt Salzburg schon in den dreißiger Jahren einen tiefen Eindruck auf ihn gemacht hätte. Er war damals auf der Flucht vor den Nazis nach Paris: „Die Fahrt von Seefeld nach Paris war für mein späteres Leben sehr wichtig. Ich hatte in Salzburg einen längeren Halt und konnte mir die Stadt ansehen. Es war so wunderschön, dass ich mir damals geschworen hatte, hier immer wieder herzukommen – was ich ja nun geschafft habe."

Der Publizist Peter Meier-Bergfeld vermittelte nach einem Gespräch mit Robert Jungk zu dessen 80. Geburtstag ein Bild der Zufriedenheit. Der Jubilar erschien ihm zwar rastlos, aber doch auch angekommen und die Harmonie mit Frau Ruth nach 45 Jahren Ehe als mehr oder weniger vollkommen:
„Wir sitzen in seiner ‚Zukunftsbibliothek', zwischen Stadtmauer und Mozartsteg, mit Blick auf Salzach und Feste Hohensalzburg. Warum er denn 1970 nach Salzburg gegangen sei, nach so vielen Lebensstationen (Paris, Prag, London, Zürich, New York, Wien), nach dieser langen, langen Odyssee des vertriebenen deutschen Juden durch diese hektische Welt ...
‚Weil ich die Schönheit Salzburgs brauche! Es sind die immateriellen Werte, die das Leben lebenswert machen ...'
Sicher ist es seine Frau gewesen, Ruth Suschitzky, die er 1948 geheiratet hat, die dem Menschen Robert Jungk am meisten gegeben hat, ‚die meine schärfste Kritikerin ist. Aber das war nur zuerst unangenehm. Jetzt freu' ich mich, wenn sie sagt: Er ist gut, aber er könnte noch viel besser sein.' Er nennt sie ‚Schatzi', und verabschiedet sie mit einem österreichischen ‚Bussi', was im doch noch norddeutschen Tonfall etwas Rührendes hat. 45 Jahre Ehe!"

An anderer Stelle antwortete er auf die Frage, warum er sich in Salzburg niedergelassen habe: Der Faschismus und Antisemitismus seien in Österreich „gemütlicher" als in Deutschland.
Dennoch ist es nicht leicht zu verstehen, warum gerade Salzburg, wo immerhin 1938 die einzige Bücherverbrennung in der „Ostmark" stattgefunden hatte, für ihn und seine Frau Ruth ein Wunschort sein konnte. Thomas Bernhard dagegen ließ es an Drastik nicht fehlen, wenn er das Nachkriegs-Salzburg als erzkatholisches Nazinest beschrieb (besonders deutlich in dem zu einer autobiografischen Pentalogie gehörenden Buch „Die Ursache").

Für jemand, der von außen kommt, war es zu keiner Zeit einfach, in die Salzburger Gesellschaft hineinzukommen. Die Repräsentanten dieser mehr oder weniger geschlossenen Gesellschaft sind gern unter sich und wollen ungestört bleiben. Man stammt am besten aus einer Kaufmannsfamilie, deren Nachkommen es in zweiter oder dritter Generation zu Rechtsanwälten und Ärzten gebracht haben. Zum Beweis für seine eigene Aufgeschlossenheit, arbeitet man nebenberuflich in einer Kulturinstitution mit, am besten als „Präsident".

Aber auch in einer Position, zu der einem die Kirche verholfen hat, fährt man, wie viele lebende Beispiele zeigen, gut. Nach Kompetenz und Qualifikation wird nicht so genau gefragt. Das war vor vierzig oder fünfzig Jahren noch ausgeprägter als heutzutage. Kaum jemand kriegte einen Fuß auf die Erde, der nicht Teil dieser engmaschigen Netzwerke war.

Über das Leben der Familie Jungk, insbesondere über die Rolle der Mutter, steht viel in dem Roman „Reise über den Hudson" von Peter Stephan Jungk. Erzählt wird von einem Verkehrsstau, in den der Sohn – mit seiner Mutter als Beifahrerin – auf einer Fahrt über eine Brücke des Hudsons gerät. In vielen Rückblenden kommt das Familienleben zur Sprache. Es ist kein durchgehend autobiografischer Roman, die Namen und manches andere erscheinen verfremdet, aber das Dechiffrieren fällt nicht allzu schwer. Ein kleines Beispiel: Die Schauspielerin und langjährige Organisatorin des Wiener Opernballs heißt im Buch nicht Lotte Tobisch, sondern „Lotte Tobias". Als Leser hört man Ruth Jungk, die im Roman „Rosa" heißt, reden. Der Sohn heißt „Gustav". In den Streitgesprächen zwischen Mutter und Sohn ist die Mutter immer Siegerin. Sie spart nicht mit Kritik an ihm, aber er auch nicht mit Kritik an ihr:
„Gustav verzweifelte als Kind an Mutters Ahnungslosigkeit. Und doch gelang es ihr auf wundersame Weise, fast immer so zu tun, als wisse sie Bescheid, als sei ihr nichts fremd. Unrecht zu haben, das gab es nicht in ihrem Bild von sich selbst. Ihre Einfältigkeit war mit Raffinesse gepaart, ihre Ahnungslosigkeit und Unbildung mit äußerster Schlauheit. Ihre Irrtümer und Fehler wusste sie mit Ausreden auszugleichen, sie war Weltmeisterin im Ausredenerfinden."

Die Familie Jungk wohnte während ihrer Salzburger Jahre im vierten Stock des von Efeu überwucherten Hauses Steingasse 31. Ein spezieller Ort. Es ist das Haus, zu dem von der Gasse aus eine Stiege hinaufführt. Hier wurde 1792 zwei Stockwerke tiefer der Textdichter des Liedes „Stille Nacht" geboren. Seine Mutter war die aus Hallein stammende Anna Schoiberin, die vom Stricken lebte. Der Vater kam aus dem Lungau und desertierte als Musketier des Fürsterzbischofs, sodass ihn der Sohn nie kennenlernte. Der Taufpate des kleinen Joseph war der letzte Scharfrichter von Salzburg, Joseph Wohlmuth, der seine Wirkungsstätte draußen vor der Stadt in der Nähe des heutigen Kommunalfriedhofs hatte. Die Anna Schoiberin hatte übrigens vier Kinder von verschiedenen Vätern.

Heiraten war für arme Leute kaum möglich, denn sie konnten den damals nötigen Nachweis eines gewissen Einkommensniveaus nicht erbringen. An dem Haus erinnert keine Gedenktafel an den armen Geistlichen. Eine solche Tafel befindet sich am Haus Nr. 9, obwohl man heute weiß, dass dies nicht sein Geburtshaus gewesen ist. Den Bewohnern des Hauses täte es aber unendlich leid, wenn die Tafel abmontiert werden würde. Und die Bewohner des Hauses Nr. 31 wollen keine solche Tafel. Ist so etwas außerhalb Österreichs (Kakaniens) vorstellbar?

Für Robert Jungk existiert eine Gedenkplakette. Allerdings ist sie am Haus Nr. 29 angebracht, weil die Bewohner von Nr. 31 generell gegen Gedenktafeln an ihrem Haus sind. Peter Stephan Jungk bedauert es zutiefst, dass diese Gedenktafel nur an seinen Vater erinnert und nicht auch an seine Mutter. Er macht sich schwere Vorwürfe, nicht rechtzeitig an die Obrigkeit appelliert zu haben, auch seine Mutter draufzuschreiben und ist überzeugt, dass sie ihm deswegen gram sei.

Robert Jungk wurde in Salzburg nicht erst postum vielfach geehrt. Viele wussten, wer er war. Nach Jahren der Zurückhaltung entschlossen sich auch die offiziellen Stellen, ihn mit Auszeichnungen zu würdigen. Die Katastrophe in der ukrainischen Stadt Tschernobyl 1986, als es dort nach einer Kernschmelze zu den verheerendsten Folgen kam, bestätigten Jungks Skepsis gegenüber der Nuklearindustrie auf fatale Weise. Wer auch nur ein bisschen Ahnung hatte, dem war klar, dass Robert Jungk und seine Frau Ruth Menschen waren, die „viel mitgemacht" hatten. So lautete die Redensart. Ihnen gegenüber freundlich zu sein, war also immer auch eine selbstverständliche kleine Geste der „Wiedergutmachung".

Mit Nachdruck wurde Robert Jungks Lebensleistung anerkannt, als es 1986 zur Einrichtung der „Robert-Jungk-Bibliothek für Zukunftsfragen" kam, einer wissenschaftlichen Einrichtung, deren Basis von Jungks umfassender Bibliothek gebildet wird. Der Sitz der wissenschaftlichen Einrichtung wurde inzwischen vom Hotel Corso in den „Competence Park Lehen" verlegt, ebenso wie der nach Robert Jungk benannte kleine Platz.

Den Polizisten und Gendarmen allerdings, die Robert Jungk am 20. Mai 1972 auf der Landebahn des Salzburger Flughafens niederknüppelten, dass ihm das Blut von der Stirn troff, sagte sein Name nichts. Ich erinnere mich an diese Szene ganz genau, sie wurde von Fernsehkameras festgehalten. Hier manifestierte sich die Anti-Vietnambewegung der Zeit, als die Amerikaner achtzig Millionen Liter des Gifts „Agent Orange" über dem Land abwarfen, worunter die Bewohner heute noch leiden.

An diesem Tag im Mai trat eine ansehnliche Schar von Demonstranten gegen die Zwischenlandung des amerikanischen Präsidenten Richard Nixon auf. In seinem Gefolge war auch Außenminister Henry Kissinger. Sie legten auf ihrer Reise nach Moskau zu Verhandlungen mit Leonid Breschnew einen Zwischenaufenthalt in Salzburg ein. Die Repräsentanten von Stadt und Land Salzburg fühlten sich überaus geschmeichelt. Am Nachmittag gab es heftige Proteste in der Innenstadt, am Abend dann am Flughafen. Bundeskanzler Kreisky schüttelte Nixon am Fuß der Gangway die Hand. Kreiskys Sohn dagegen stand in der Schar der Demonstranten. In den Medien war von „langhaarigen Affen" die Rede. Nixons Präsidentschaft endete zwei Jahre später im Zug des „Watergate"-Skandals auf wenig ehrenhafte Weise.

Robert Jungk war da gewesen, weil er sich Sorgen um seinen Sohn Peter Stephan machte. Er wollte ihn wegen seiner prekären Gesundheit im Auge behalten. Peter Stephan stand eine ernsthafte Operation bevor.

Salzburg war für Ruth Jungk zu klein, zu provinziell. Das konnte man von ihr immer wieder hören. Wenn sie aber während der Festspiele im „Stadtkrug" am Stammtisch des Direktoriumsmitglieds der Festspiele und Burgtheaterdirektors Ernst Haeusserman saß, der als verlängerter Arm Karajans relativ einflussreich war, fühlte sie sich inmitten der internationalen Sängerstars recht wohl. Ambivalenz gehörte zweifellos zu ihrem Leben.

Robert Jungk war unentwegt unterwegs, um im In- und noch mehr im Ausland Vorträge zu halten, an Tagungen teilzunehmen und Recherchen zu betreiben. Er war beseelt davon, die Menschen aufzuklären, blinde Fortschrittsgläubigkeit in Frage zu stellen und vor Fehlentwicklungen zu warnen. Bücher waren selbstverständlich ein wichtiges Mittel, diese Art Missionstätigkeit zu betreiben. Es kam vor, dass er sich in ein Kloster zurückzog, um ein neues zu schreiben. Sein Engagement war von dem Eindruck getrieben, dass sich der Kalte Krieg jeder Zeit in einen Heißen verwandeln konnte. Für seine tiefe Abneigung gegenüber der Anwendung der Kernspaltung im Zusammenhang mit der Kriegsführung und der Energiegewinnung fand er in Salzburg ein spezielles Betätigungsfeld, als sich viele Menschen hier im Verein mit führenden Politikern gegen die Realisierung der Wiederaufbereitungsanlage Wackersdorf in der Oberpfalz auflehnten. Auch gegen das AKW Temelin trat er in Demonstrationen auf. Seine Frau Ruth war stets an seiner Seite. Bei ihr mögen sich die Sorge um die Auswirkungen der Atomindustrie und jene um ihren Mann die Waage gehalten haben. Dessen Sympathien gehörten den Grünen, weil er in deren Programmatik Übereinstimmungen mit seinen Ideen fand. Ruth Jungk war auch in diesem Punkt mit ihm einig, fand es aber gar nicht gut, wie sich die Grünen anzuziehen pflegten. Gern hätte sie ihnen, wenn die finanziellen Möglichkeiten dafür da gewesen wären, zu einem adretteren Aussehen verholfen. Als sich Robert Jungk 1995 von den Grünen als Präsidentschaftskandidat aufstellen ließ und 5,7 Prozent erhielt, war er darüber nicht unglücklich. Er wertete die Gelegenheit bei seinen Wahlkampfauftritten ein großes Forum für seine Ideen bekommen zu haben als sehr positiv.

Man darf sich nicht vorstellen, dass sich Ruth Jungk mit der Rolle einer Bewunderin ihres Mannes begnügte. Sie war selbstbewusst und gescheit genug, um als eigenständige Persönlichkeit durchs Leben zu gehen. Das hatte mit ihrer Herkunft zu tun. Eine wienerische Färbung in ihrer Sprechweise war nicht zu überhören. Sie sprach nicht etwa Dialekt, ließ aber hie und da umgangssprachliche Floskeln miteinfließen. Sie war ja wirklich Wienerin, kannte aber einiges mehr von der Welt als bloß Wien.

Ruth Jungks Mädchenname war Suschitzky, ein Name, der Gewicht in Wien hatte und bis heute hat. Die Familien dieses „Clans" verzeichnen eine Reihe außergewöhnlicher Persönlichkeiten. Ruths Vater, Philipp Suschitzky, und dessen älterer Bruder Wilhelm gründeten im Herbst 1901 in Wien X., Himbergerstraße 10, eine „Sortiments- und Antiquariatsbuchhandlung". Die Gründung wurde von den Behörden zunächst mit der Begründung zurückgewiesen, im

Bezirk – er hatte damals rund 120.000 Einwohner, hauptsächlich Arbeiter – gebe es keinen Bedarf für eine Buchhandlung. Die Brüder Suschitzky mussten sich an das Innenministerium wenden, um Erfolg zu haben.

BUCHHANDLUNG BRÜDER SUSCHITZKY		
SPEZIALITÄTEN: ANTIALCOHOLICA, EINRICHTUNG von ARBEITER-, VEREINS- u. FABRIKS-BIBLIOTHEKEN, TECHN. WERKE		GESCHÄFTSSTELLE: MONATSSCHRIFT: NEUES FRAUENLEBEN · MONISTENBUND IN OESTERREICH WIEN, TELEPHON 1415/VI
ANTIQUARIAT : VERLAG : KUNSTHANDLUNG		

1910 starteten die Brüder Suschitzky zudem mit einem Verlag, den sie nach dem von der Arbeiterbewegung hoch geschätzten sozialkritischen österreichischen Volksdichter Ludwig Anzengruber benannten. Buchhandlung und Verlag hatten wegen der Nähe zum Sozialismus immer wieder mit hanebüchen begründeten Attacken von rechts zu kämpfen. Diese Angriffe waren oft auch antisemitisch gefärbt. Tatsächlich gelang es, das Unternehmen in Schwierigkeiten zu bringen. Der Versuch der Brüder, eine zweite Konzession im Ersten Bezirk von Wien zu bekommen, wurde von den Behörden abgeschmettert. Mit ihrem Verlagsprogramm setzten sich die Brüder Suschitzky für Sozialdemokratie, für die Frauenrechte und Pazifismus sowie für Sozial- und Sexualreformen ein. Immer wieder hatten sie gerichtliche Auseinandersetzungen zu führen. Die Lage verschärfte sich in den dreißiger Jahren, als sich der Austrofaschismus durchsetzte und die Demokratie auf der Strecke blieb. Ruths Onkel Wilhelm beging 1934 Selbstmord. Seine Witwe, Adele, übernahm die Geschäftsanteile.

Ruths Mutter, Olga Suschitzky, leitete in Wien eine Ballett-Compagnie, das Suschitzky-Ballett, und eine Tanzschule. Ruth wuchs schon als kleines Kind in den Ballettbetrieb hinein und soll schon im Alter von vier Jahren aufgetreten sein. Vor allem im Bürgertheater, das von 1901 bis 1960 im Dritten Bezirk von Wien existierte und sich als Ort vieler erfolgreicher Operetten-Produktionen etablieren konnte, bot dem Suschitzky-Ballett Auftrittsmöglichkeiten. Bruno Kreisky soll einmal gesagt haben, dass er sich an Auftritte von Ruth Suschitzky erinnern könne. Das Ballett unternahm außerdem viele Tourneen. So etwa war 1930 in der Südtiroler „Alpenzeitung" zu lesen:

„In der Kunsthandlung Amonn ist gegenwärtig ein Pastellporträt des Frl. Ruth Suschitzky ausgestellt, der reizenden ersten Tänzerin des Suschitzky-Balletts, das derzeit am hiesigen Stadttheater gastiert. Die Arbeit stammt von der Hand des akademischen Malers Prof. Karl Gassauer-Merano u. ist mit ihrer Qualität wohl geeignet, die Aufmerksamkeit des kunstverständigen Publikums auf sich zu lenken."

Schon drei Tage nach dem „Anschluss" im März 1938 verließ Ruths Vater Philipp Suschitzky Wien und flüchtete nach Frankreich. Seine Frau Olga und Wilhelm Suschitzkys Witwe Adele kümmerten sich um die gefährdete Zukunft der Buchhandlung und des Verlags. Ein Angestellter, Johann Heger, der schon seit 1921 in der Firma gearbeitet hatte, wollte die Firma übernehmen. Die Nazis verweigerten die Zustimmung mit der Begründung, dass Heger wegen seiner langjährigen Betriebszugehörigkeit in Bezug auf seine ideologische Haltung als unzuverlässig gelten müsse. Buchhandlung und Verlag wurden aufgelöst und die Bestände veräußert.

Restitutionsforschungen sind noch immer im Gange. Die Salzburger Universität gab 2014 ein Buch an den damals 102-jährigen Wolfgang Suschitzky, einen Sohn von Wilhelm Suschitzky – sein Vater hatte ihm den Vornamen Goethes gegeben –, in London zurück; der hochbetagte Mann retournierte das Buch mit der Begründung, dass er gerade dabei sei, seine Bibliothek zu verkleinern. In einem handschriftlichen Brief – er ist im Internet wiedergegeben – erinnerte er daran, dass in jedes Suschitzky-Buch als Exlibris die „Spinnerin am Kreuz" (ein Bild von der gotischen Steinsäule in Favoriten) eingeklebt worden sei.

Nachdem die Weiterführung von Buchhandlung und Verlag in Wien gescheitert war, flüchtete Adele Suschitzky zu ihren Kindern, Wolfgang und Edith Tudor-Hart, nach London, wo sie 1980 im Alter von 102 Jahren gestorben ist. Wolfgang war schon 1935 nach London emigriert. Er, von seinen Bekannten „Su" genannt, brachte es dort zu einem hoch angesehenen Kameramann und Fotografen. An außergewöhnlichen Biografien besteht in Ruth Jungks Verwandtschaft kein Mangel. Wolfgangs Schwester, Ruths Cousine, Edith Tudor-Hart (1908–1973), war eine überaus schillernde Figur. Peter Stephan Jungk, der Sohn von Ruth und Robert Jungk, hat über sie ein lesenswertes Buch geschrieben (Peter Stephan

Jungk: „Die Dunkelkammern der Edith Tudor-Hart. Geschichte eines Lebens"). Sie war eine hervorragende Fotografin, dokumentierte vor dem Zweiten Weltkrieg das Leben der Arbeiterklasse in Wien und arbeitete, von politischen Gegnern vielfach bedroht, für die sowjetische Nachrichtenagentur TASS. Bis 1960 war sie als Spionin für den KGB tätig. Ihr Leben war von extremen Höhen und Tiefen gekennzeichnet.

Ruths Brüder, Joseph und Willi, wurden nach Dachau deportiert, später nach Buchenwald. Ihre Schwester Karla, die um sechs Jahre älter als Ruth war und damals in Paris lebte, konnte sie freikaufen.

Zurück ins Jahr 1938. Ruth Jungks Mutter, Olga, die Balletteuse, folgte Philipp, ihrem Mann, nach Frankreich. Das Ehepaar wurde 1942 verhaftet und in das berüchtigte Sammellager Drancy nordöstlich von Paris gebracht. Von dort wurden Philipp und Olga Suschitzky mit dem Transport 31 am 11. September 1942 in das KZ Auschwitz deportiert und dort umgebracht.

Ruth war in den dreißiger Jahren als junge Operettensängerin und Kleindarstellerin unterwegs, in den Niederlanden, Belgien und Frankreich. Im Alter von neunzehn Jahren heiratete sie den um vieles älteren Schauspieler Emil Feldmar. Die Ehe dauerte nur kurz. Feldmar ist nach dem Ende des Zweiten Weltkriegs wieder in Wien im Theater an der Josefstadt aufgetreten. Nur sehr knapp gelang Ruth über Spanien und Portugal die Flucht in die USA. Im Jahr 1943 ging sie von New York nach Los Angeles, arbeitete in einer Galerie, die dem Filmschauspieler Errol Flynn gehörte und bewegte sich in den Kreisen prominenter Einheimischer und Emigranten der Film- und Theaterbranche.

Nach dem Krieg traf sie Robert Jungk, der zu dieser Zeit als Korrespondent verschiedener deutschsprachiger Zeitungen in den USA arbeitete. Nach einer kurzen Zeit des Kennenlernens heirateten sie 1948 in Washington. Robert Jungk studierte damals aus nächster Nähe die Atomindustrie, ihre Rolle für das Militär und für die Wirtschaft. 1957 übersiedelte die Familie – 1952 war Sohn Peter Stephan hinzugekommen – nach Wien.

Es lässt sich nicht nachvollziehen, was ein Kind empfindet, dessen Eltern ermordet worden sind. Wie schwer belastet diese Tatsache das Fühlen und Denken? Wie lebt ein solches Kind weiter? Was denkt es über die Mörder und deren Nachkommen? Es wäre anzunehmen, dass Ruth Jungk oft darüber redete. Das war aber nicht so. Mir gegenüber kam sie nie darauf zu sprechen. Es hätte aber vielleicht doch die Möglichkeit bestanden zu fragen. Ob sie geantwortet hätte? Vielleicht hätte sie Fragen zurückgewiesen. Vielleicht aber auch nicht. Hätte sie dies als bloße Neugier gedeutet oder als Zudringlichkeit? Ihr Sohn sagt, sie habe das Thema gemieden und nicht wahr haben wollen, dass ihre Eltern ermordet worden sind. Also hat sie sich wohl zum Selbstschutz an eine Illusion geklammert. Erträglicher wäre ihr die Vorstellung gewesen, ihre Eltern hätten Selbstmord begangen. Hier stößt der Versuch einer biografischen Annäherung an Ruth Jungk an seine Grenzen.

Ruth Jungk ist am 28. Mai 1995 in Salzburg gestorben. Sie wurde – so wie ihr im Jahr davor verstorbener Mann – auf dem Jüdischen Friedhof in Aigen bestattet.

Nachbemerkung
Aber Salzburg hatte ja schon vor den Jahren, als die Familie Jungk hier lebte, hochinteressante Menschen angezogen. Besonders spannend liest sich die mit Salzburg eng verbundene Familiengeschichte des Verlegers Wieland Herzfeld (1896-1988). Dessen Eltern waren aus Deutschland in die Schweiz geflohen und kamen 1898 nach Salzburg, wo sie in einer Hütte am Fuß des Gaisbergs in Aigen wohnten. Die Eltern verschwanden eines Tages spurlos und ließen die vier Kinder zurück. Die Familie des Aigner Bürgermeisters Varnschein nahm sich ihrer an. Wieland gründete später in Berlin den linken Malik-Verlag, sein Bruder Helmut, der sich später John Heartfield nannte, wurde ein politisch engagierter Grafiker, den seine Collagen berühmt machten. Wieland war mit einer Salzburgerin, Gertrud Bernheim, verheiratet, ihr gemeinsamer Sohn, der

sich später George Wyland-Herzfelde nannte, wurde nach Hitlers „Machtergreifung" nach Salzburg zu den Großeltern geschickt, die am Makartplatz wohnten. Seine sehr lesenswerten Erinnerungen sind 2003 unter dem Titel „Glück gehabt" erschienen.

Andere Schriftsteller, für die Salzburg wichtig wurde, waren:
- Stefan Zweig, der nach dem Ersten Weltkrieg, von 1919 bis 1934, auf dem Kapuzinerberg das Paschingerschlössl bewohnte,
- Günter Eich, der mit seiner Frau,
- Ilse Aichinger ab 1963 bis zu seinem Tod in Großgmain lebte. Ilse Aichinger kehrte 1984 wieder nach Wien zurück.
- H. C. Artmann zog 1972 nach Salzburg und wohnte in einem kleinen Haus in West-Maxglan, inmitten des Moors, dort, wo es in der Nazizeit ein großes „Zigeuner"-Lager gab, aus dem sich, nebenbei bemerkt, die Regisseurin Leni Riefenstahl Statisten für ihren Film „Tiefland" aussuchte, die Spanier darzustellen hatten. An ihr Versprechen, die „Zigeuner" durch ihre Fürsprache vor dem Gas zu bewahren, hielt sie sich nicht.
- Peter Handke hielt sich von 1979 bis 1988 in Salzburg auf, schaute vom Mönchsberg auf die Salzburger hinunter und ging gerne am Stadtrand spazieren, um über seine Beobachtungen von unterwegs Bücher zu schreiben. Ruth Jungk war übrigens stolz, weil ihr Sohn Peter Stephan in Salzburg Peter Handke näher kennenlernte.

Karl-Markus Gauß
Fritz Kohles
Der Alltag als Bühne

Von den achtziger Jahren bis zu seinem frühen Tod, auf den er nicht geradewegs hingearbeitet, mit dem er aber missbilligend als Folge seiner Lebensweise gerechnet hat, war Fritz Kohles einer der populärsten Persönlichkeiten von Salzburg. Anders als die meisten seiner Schulfreunde hat er 1972 gleich nach der Matura seinen Präsenzdienst abgeleistet, und zwar die meiste Zeit in einer Schreibstube, in der er von seinem vorgesetzten Offizier gründlich in der Technik des Kampftrinkens ausgebildet wurde. Danach gab er ein kurzes Gastspiel an der Pädagogischen Akademie, das er bald abbrach, um bei der Post anzuheuern und am Postamt Taxham seine erste kleine Bühne zu finden.

Schon im Gymnasium wusste er die Mitschüler blendend zu unterhalten, indem er für jede Situation eine in originalbayrischem Tonfall vorgetragene Lebensweisheit von Karl Valentin parat hatte oder zur Gitarre Lieder des von ihm verehrten Georg Kreisler zum Besten gab. Dennoch war er damals, im musischen Zweig des zweiten Bundesgymnasiums an der Lehener Brücke, ein zwar allseits beliebter, aber eher unauffälliger Schüler, der den Klassenkameraden hilfsbereit und den Professoren allenfalls mit milder Ironie begegnete. Ich weiß das, denn ich bin acht Jahre mit ihm in derselben Klasse gesessen. Außer mit seinen profunden Kenntnissen in Geographie machte er nur mit seinen rezitatorischen Fähigkeiten auf sich aufmerksam, die er mit den Mitschülern Vincy Müller und Georg Schuchter teilte, sodass die Lektüre von Nestroys Stücken – ja, damals wurden im Deutschunterricht noch ganze Theaterstücke mit verteilten Rollen gelesen – äußerst unterhaltsam geriet. Das genossen wir anderen, die wir über diese Gabe nicht verfügten, aber auch der kauzige Deutschlehrer

Josef Guth musste sich, wenn Fritz an der Reihe war, oft das kleine gelbe
Reclamheft vor den Mund halten, um beim herzhaften Lachen nicht seine Reihe
schadhafter Zähne zu zeigen.

Die schulischen Etüden waren für Fritz das Vorspiel auf sein erstes reguläres
Engagement, das er im Posttheater von Taxham antrat. Hinter dem Schalter
sitzend, hat er die Kunden, die Briefe und Pakete aufgaben, Erlagscheine ein-
zahlten oder Geld abhoben, so zuverlässig mit seinem Wortwitz und seiner
Schlagfertigkeit beeindruckt, dass viele Leute sich darauf freuten, wieder
etwas auf der Post erledigen zu müssen. Georg Schuchter besuchte in dieser
Zeit die Schauspielschule des Mozarteums, Fritz hat sich diese professionelle
Ausbildung niemals zugemutet, vielleicht auch nicht zugetraut. Natürlich
hatte er die Begabung zum Schauspieler, jeder sah und hörte das, kaum dass
er Szenen aus dem Gedächtnis zu spielen oder aus der Eingebung des Moments
zu erfinden begann; und später hat er auf vielen Bühnen ja auch in zahlreichen
Rollen und mit allerlei Programmen brilliert: Aber er tat es immer mit dem
Können des eigensinnigen Autodidakten, der sich das Spielen und Sprechen
von großen Vorbildern abgeschaut und abgehört hatte, und mit der Lust des
Amateurs, der, wenn es ihm nicht passte, auch pausieren, abtreten, ganz was
anderes ausprobieren konnte.

Ich hatte mit Fritz manchen Streit, weil ich, der ich mit ihm fast 42 Jahre befreundet, zerstritten, befreundet war, meinen Freund in Wahrheit lange nicht
verstanden habe. Ich wünschte mir immer, dass er aus seinem Talent, nein, aus
seinen vielen Talenten mehr machte, dass er sich konzentrierter seiner Sache
widmete, zum Beispiel der Rezitationskunst oder dem Schauspielen, und seine
Kräfte nicht so freigebig bei jeder Gelegenheit und auch aus manch fragwürdigem
Anlass vergeudete. Das war engstirnig gedacht von mir: Als müsste, wer zum
Schauspieler berufen ist, es aufs Burgtheater abgesehen haben! Als hätte, wer
literarische Texte so glänzend zu rezitieren vermochte wie er, die Pflicht, daraus
auch seinen Beruf zu machen! Zu den vielen Begabungen von Fritz zählte auch
die, diese nicht berechnend zu nutzen, sondern freigebig zu verschwenden.

Fritz war ein großer Schauspieler, nur dass seine Bühne eben der Alltag war, das
Postamt, die Straße, das Wirtshaus. Auf dieser Bühne hat er, uns zum Vergnügen

und manchmal auch zum Erschrecken, nie zu spielen aufgehört, tagaus, tagein, jahrzehntelang. Und was er uns vorspielte, das waren immer wir selbst. Fritz hatte uns alle in seinem Repertoire, Honoratioren und Sandler, unglückliche Frauen und eifersüchtige Männer, kauzige Alte, die aus einer anderen Zeit überkommen waren, unaufhaltsame Erfolgsstreber, die schon den nächsten Schritt ihrer Karriere planten, schöne Seelen, eitle Gesellen, entgleisende Trinker und ordnungsliebende Zwangscharaktere: den ganzen Menschenzoo. Einen jeden hat er an seiner Sprache erkannt und in ihr zu fassen bekommen. Der Sprache war Fritz verfallen, er besaß ein untrügliches Gehör für die falschen Töne von Täuschung und Selbstbetrug, für regionale und soziale Nuancen des Dialekts. Er konnte sprachliche Unterschiede dort ausmachen, wo sie anderen gar nicht aufgefallen waren, und sie im Gespräch so ausgestalten, dass man sie auf einmal selber wahrzunehmen begann.

Vermutlich sind die kleinen dialektalen Abweichungen von Dorf zu Dorf inzwischen verschwunden, zum Verschwinden gebracht durch die von den Medien, zumal vom deutschen Fernsehen betriebene sprachliche Gleichschaltung. Vor drei Jahrzehnten aber hat mir Fritz in einem witzigen wie lehrreichen Grundkurs sätze- und wortweise vorgeführt, was das Großgmainerische vom Wals-Siezenheimerischen unterscheide. In Großgmain, einem geteilten Ort an der bayrischen Grenze, war er aufgewachsen, als Sohn der in jungen Jahren strengen, später immer nachsichtiger und endlich anarchisch unangepasst werdenden Schuldirektorin Friederike und des aus Franken zugewanderten, erheblich älteren Karl Kohles, der im Zweiten Weltkrieg als Fluglehrer gearbeitet hatte und nachher, ein stiller, unverdrossen freundlicher Mensch, kein Wort über politische Dinge in seinem Haus mehr zuließ. Großgmain ist 1954, als Fritz dort geboren wurde und noch vor der Volksschule auf den Nachbarbuben Manfred Knobloch traf, mit dem ihn eine lebenslange Freundschaft verband, ein Bauerndorf gewesen, das wegen seiner günstigen Lage und schönen Umgebung früh von wohlhabenden Deutschen und Wienern als Alters- oder Feriensitz entdeckt wurde und so in die festgefügte bäuerliche Ordnung einen fast schon großbürgerlichen Einschluss erhielt. Wals-Siezenheim war ebenfalls ein Bauerndorf, das aber durch den methodisch geförderten Zuzug von Stadtsalzburgern, die sich dort Häuser bauen konnten, die ihnen im Stadtgebiet zu teuer gekommen wären, bis zur Unkenntlichkeit eines Unorts zersiedelt wurde. Fritz hat vor diesem historischen und sozialen Hintergrund zwei in Nuancen verschiedene Sprachwelten Klang werden lassen – und mit mir waren all die anderen Zuhörer fasziniert, die in dieser einen, einer von zahllosen Sternstunden, die man mit Fritz erleben konnte, zugegen waren.

Seine Fähigkeit, die Sprechweisen der Menschen sozial und regional zu unterscheiden und im nachahmenden Vortrag kenntlich zu machen, war frappant. Er konnte sich mit Sachsen auf Sächsisch unterhalten, ohne dass sie auf die Idee gekommen wären, es nicht mit einem Mann zu tun zu haben, der wie sie in der DDR aufgewachsen war; auch sein Fränkisch, Allemannisch, Bayrisch war tadellos, und all die österreichischen Landesdialekte beherrschte er ohnedies. Salzburger wissen es: Wenn man aus der Stadt ein paar Kilometer nordwärts fährt, kommt man in Freilassing nicht nur in einem anderen Staat, sondern auch in einer anderen Sprachwelt an. Die Salzburger mögen in Freilassing einkaufen, die Freilassinger seit Generationen in Salzburg arbeiten, aber sie sprechen ein verschieden gefärbtes Deutsch. Fritz hat diesem Phänomen so lange nachgehört, nachgelauscht, bis er mich in einer spontanen linguistischen Kabarettvorstellung hören lassen konnte, dass die verschiedenen Tönungen des Deutschen sich sogar bei den erst vor kurzem zugezogenen Gastarbeitern fanden. Die serbischen Gastarbeiter aus Freilassing radebrechten in einem anderen Deutsch als ihre Landsleute in Salzburg, und wie Fritz die einen wie die anderen aus dem Stegreif sprechen ließ, das war auflachend komisch und aufschlussreich zugleich.

Bedenkt man, dass seine Lebensbühne der Alltag war, hat Fritz Kohles über die Jahre doch an erstaunlich vielen künstlerischen Projekten initiativ mitgewirkt. Aus der großen Anzahl seien geradezu beliebig nur ein paar erwähnt, an die ich mich besonders gut erinnere, im Wissen, dass es noch viele andere, nicht weniger wichtige gegeben hat. Zu Anfang der achtziger Jahre hat Fritz einige Abende mit Richard Pertlwieser gestaltet, einem bewährten Rezitator und später legendären Professor des Musischen Gymnasiums. Ein Programm der beiden hieß „Aus großer Zeit", womit die Kriegsjahre von 1914 bis 1918 gemeint waren, als nicht nur Millionen Soldaten in das große Völkerschlachten geschickt wurden, sondern auch Heerscharen von deutschen und österreichischen Literaten antraten, den massenhaften Tod in Versen aus Eisen und Niedertracht zu bejubeln. Fritz und Pertlwieser haben viele solcher schrecklichen Poeme in einer Art Revue dargeboten, die einen das Schaudern lehrte über die Bereitwilligkeit, mit der damals so viele vormals feinsinnige Dichter Propaganda für das große Morden machten.

Allein auf der Bühne stand Fritz in „Josef Lang, k.u.k. Scharfrichter", einem Monodrama, das 1971 von Gerhard Dorfer und Anton Zettel veröffentlicht wurde. Das auf Dokumenten und Selbstzeugnissen des Scharfrichters basierende Stück bietet den inneren Monolog des letzten Henkers der Donaumonarchie, der, ein gemütlicher, für seine Leutseligkeit geschätzter Wirt aus Wien, im Auftrag des Staates zwischen 1900 und 1918 den Würgegalgen bediente. Zu den von ihm Hingerichteten zählten nicht nur verurteilte Mörder, sondern auch Freiheitskämpfer wie der Triestiner Cesare Battisti, der als k.u.k. Untertan für die Vereinigung Italiens kämpfte und 1916 von Staats wegen ermordet wurde. Das Foto, das den feisten Josef Lang zeigt, wie er sich hinter dem gerade am Galgen getöteten Battisti feixend dem Publikum präsentiert, ging um die Welt, ein Schreckensbild, das die Hinrichtung als Volksbelustigung, den Henker als gut gelaunten Spießer zeigt. Fritz, der damals bereits erheblich an Gewicht zugelegt hatte und in seiner Barttracht ohnedies an die kaiserliche Welt Franz Josephs anzuspielen pflegte, gab sich schon von der äußeren Erscheinung dem Scharfrichter erschreckend ähnlich. Er spielte ihn mit abgründigem Witz und ließ die Tiraden des gemütvollen Schlächters mit seiner raumfüllenden, resonanzreich tiefen Stimme immer wieder ins Beklemmende abstürzen. Mit diesem Stück tingelte er über die Kleinkunstbühnen etlicher Städte, einmal trat er auch zu einem Heimspiel im Großgmainer Gasthof Vötterl an, und im Publikum saß der berühmte, in der Pension nach Großgmain übersiedelte Burgschauspieler Josef „Pepi" Meinrad, der es nachher nicht an lobenden Worten für seinen unbekannten Kollegen fehlen ließ.

Zwei ihm wie auf den Leib geschnittene Glanzrollen fand Fritz in dem köstlichen Hörspiel „Cordoba. Um 13 Uhr 45", das der deutsche Autor Ror Wolf dem legendären Fußballspiel zwischen Deutschland und Österreich bei der Weltmeisterschaft in Argentinien gewidmet hat; genauer, nicht dem Spiel, sondern den Radioübertragungen im österreichischen und im norddeutschen Rundfunk, wobei Wolf die Berichte der beiden Reporter Edi Finger und Armin Hauffe in einer Collage gegeneinanderstellte und ineinanderfügte, sodass ein und dieselbe Szene des Spiels einmal von Edi Finger, dann von Armin Hauffe für das Radiopublikum vergegenwärtigt wurde. Fritz Kohles hat die Dramaturgie des Hörspiels verändert, indem er die Rollen beider Reporter übernahm und deren Originalberichte zur Gänze selber sprach, die Stimmlage von einem Moment zum anderen verändernd. Der gewagte Kunstgriff verlieh dem Stück eine zusätzliche Dimension; die Zuhörer in verschiedenen Kellertheatern des deutschen Sprachraums kamen aus dem Lachen kaum heraus und auch Ror Wolf selbst hat der eigenmächtigen Adaption schließlich seinen Segen gegeben.

Fritz hat wohl auf allen Theatern der Stadt kleinere Rollen übernommen, ein Gaststar wie von einem anderen Stern, und er hat sich für seine Leseabende auch gerne mit Musikern zusammengetan, etwa mit dem Kontrabassisten Christoph Lindenbauer oder dem Alphornspieler Fritz Moßhammer. Eine spezielle Sache waren die „Winner Lieder", auf Platte und CD festgehalten, für die Fritz, mit Anklängen an das Wienerlied, die Romamusik, den Blues, die Musik zu Gedichten komponierte, die ein gewisser „Anhofer", mit bürgerlichem Namen Andreas Hofer und in einem Pflegeberuf tätig, verfasste. Die Gedichte sind auf eine fast naive Weise herrlich sentimental, erzählen von überständigen Trinkern, die irgendwann doch durch die einsamen Straßen der Vorstadt nach Hause ziehen müssen, von verlassenen Männern, die in Kaschemmen ihren Kummer im Alkohol ersäufen, von Verlierern, die sich ihrem frühen Tod entgegentrinken. Unverständlich, dass diese Platte, auf der Fritz als Sänger sein ganzes Stimmvolumen bis hinunter zum dröhnenden Bass ausspielte, nahezu unbeachtet geblieben ist, haben sich doch ausgezeichnete Musiker daran beteiligt, und die Aufnahmeleitung hatte immerhin jener Wolfgang Spannberger inne, der später etliche Hits von Hubert von Goisern produzierte.

Aber wie so vieles in seinem Leben war auch diese Platte mit ihren gleichsam rauchigen und rauschigen Liedern, die das Scheitern verklären und den Scheiternden die Reverenz erweisen, für den Tag und die eigene Freude an diesem gedacht. Vieles, was Fritz in verschiedenen künstlerischen Genres darbot, war auf diese Einmaligkeit angelegt. Stücke wurden ein einziges Mal an einem ganz besonderen Ort aufgeführt, für eine Anzahl besonderer Menschen, die sich eingefunden hatten – und dann leichthin dem stetig wachsenden Archiv der vergessenen Dinge übergeben. Das gilt auch für ein Monodrama, zu dem sich vier außerordentliche Leute aus Salzburg zusammenfanden. Den Text „Ist der Kampf gegen den Alkohol berechtigt?" hat der Schriftsteller C. W. Aigner eigens für Fritz verfasst; die elektronische Live-Musik bei der Uraufführung steuerte der genialische, Fritz nicht nur mit seiner körperlichen Fülligkeit verwandte Dieter Feichtner bei. Die Aufführung ist einzig in einer unprofessionell gefertigten Aufnahme von schlechter Tonqualität erhalten. Ein Professor räsoniert da in einem skurrilen Vortrag voll komischer Gelehrsamkeit und mit philosophischem Tief- und Unsinn vor einem hörbar amüsierten Publikum über den Alkohol und schlägt dabei den Bogen vom Urknall vor Milliarden Jahren bis zum Vollrausch von heute. Das Cover der ausschließlich privat verbreiteten CD hat der Zeichner Peter „Pezi" Winkler gestaltet. Dieter Feichtner starb bald nach diesem gemeinsamen Auftritt, und auch Pezi Winkler hat nicht mehr lange gelebt: In Salzburg einst eine bekannte Szenegröße, haben ihn die schweren Kopfverletzungen, die er bei einem Unfall erlitt, nach und nach zum Rückzug aus der Öffentlichkeit genötigt, bis er an ihren Spätfolgen vereinsamt starb. So lustig war die Bohème jener Jahre wieder nicht, der Tod hat sich viele ihrer Salzburger Protagonisten und gleich drei von vier Beteiligten dieses denkwürdigen Theaterprojekts vor der Zeit geholt.

Im Alkohol, über den er in der Rolle eines überspannten Professors auf dem Theater schwadronierte, hat Fritz wohl drei Jahrzehnte lang einen gefährlichen Freund gehabt, der ihm schließlich die Freundschaft aufkündigte und ihn herzlos ums Leben brachte. Es wäre falsch zu behaupten, dass Fritz sich vorsätzlich zu Tode gesoffen habe. Tapfer hat er jedes neue Jahr wieder mit einigen Wochen völliger Abstinenz begonnen, er saß dann in seinem Lokal meist vor einem Glas mit Buttermilch, von der er mit sichtlichem Widerwillen große Mengen in sich hineinleerte. Wenn er diese Kur, die keine Heilung, nur befristete Erholung brachte, beendet hatte, ging es wieder weiter wie vorher. Fritz hat vom Vormittag an getrunken, langsam, geradezu bedächtig, aber unaufhörlich, und so kam alle Tage ein enormes Quantum zusammen. Er hat das nicht verleugnet oder kleingeredet, sondern war ein bekennender Alkoholiker, der um die Gefährlichkeit seines Lebenswandels wusste, von ihm aber dennoch nicht lassen wollte.

Schon als er im Hauptpostamt am Bahnhof arbeitete, als Leiter der Briefzustellung und als Betriebsrat, hat er tagsüber seine Berufung hauptsächlich darin gesehen, die Mitarbeiter und die Kunden, die ein Anliegen oder eine Beschwerde vorbringen wollten, mit Ironie und Sarkasmus zu unterhalten. Die Abende verbrachte er in den Wirtshäusern der Stadt und des Umlands, in denen er jeweils ein eigenes Publikum um sich scharte, das ihn beim langsamen Besäufnis bestaunte und seinen Witz, seine Originalität, seine unerschöpfliche Fähigkeit bewunderte, von merkwürdigen Begebenheiten und eigenartigen Menschen zu erzählen. Mit Fritz konnte einem nie fad werden, dafür sorgte, wenn sonst keiner, schon er selbst. Natürlich haben ihn einige Freunde und vor allem die Frauen, mit denen er für befristete Zeit festere Beziehungen einging, vom maßlosen Alkoholkonsum abzubringen versucht, aber nach einiger Zeit waren sie alle von Fritz wieder getrennt und er mit dem Alkohol wieder vereint.

Als er aus dem Postdienst krankheitshalber ausschied, wechselte er als Trinker die Seite und wurde vom Gast zum Beislwirt. Das „Krottach" in der gleichnamigen Gasse in der Altstadt war noch eine Art von Gesellenstück, mit der „Klause" am Ursulinenplatz aber dachte er so etwas wie sein Meisterwerk vorzulegen. In gewissem Sinne war die „Klause", wie Fritz sie führte, ein „soziales Kunstwerk", das die Menschen einer zerfallenden Gesellschaft im Wirtshaus noch einmal zusammenführte. Wenigstens zeitweise hatte die „Klause" tatsächlich jene gemischte Gästeschaft, um die es Fritz ging. Da gab es Hackler und Postler, die von der Arbeit nicht gleich nach Hause gehen, sondern den Mühen und Pflichten des Tages abends noch etwas Geselliges, Undiszipliniertes entgegensetzen wollten; da gab es Studenten, Büroangestellte, Beamte, Künstler, Lebenskünstler, gestrandete Existenzen und Angehörige von Sozialberufen, die sich hier nicht in der Pflicht sahen, ein achtsames Auge auf mögliche Klienten von morgen zu haben. Spätabends war es in der „Klause" oft so dichtgedrängt, dass man das Wort des Nachbarn nur mehr schwer verstehen konnte, und hinter dem Tresen amtierte Fritz, der mir dabei den Eindruck eines Menschen machte, der seinen Ort auf Erden gefunden zu haben schien.

In seinen letzten Lebensjahren wechselte Fritz die Farbe, sein Teint wurde immer dunkler, und das Weiß des Augapfels war gelb geworden. Die Leber konnte die nötige Entgiftung des Körpers nicht mehr bewältigen. Von seinem Äußeren hätte Fritz jetzt ohne weiteres als Inder durchgehen können, er wusste das und hat mich einmal gefragt, ob er die Klause nicht in „Fritz New Delhi" umbenennen solle, und über diese Pointe, in der bereits sein eigener Tod beschlossen lag, haben wir miteinander sehr gelacht. Damals gab er gerne das von Claudia Karner verfasste Gstanzl zum Besten: „Fühl mi oiwei maroda,/ oba erst oisa Doda/ sauf i a Soda,/ entweder oda!"

Häufig kam er jetzt auf einem alten Fahrrad in sein Wirtshaus gefahren, er hatte Wasser in den Beinen und tat sich schwer mit dem Gehen und dem Stehen. Er kam und setzte sich an den Stammtisch, von dem er sich in den nächsten Stunden kaum mehr erhob. Jetzt hielt er eher Hof, als dass er noch den emsigen, auf das Wohl der Gäste achtenden Wirt gegeben hätte. Er war fast immer müde, sehr müde. Aber nach ein paar Gläsern Bier konnte es geschehen, dass er wieder zu Kräften kam, und nach den ersten Gläsern Wein wieder zum alten Unterhalter wurde. Nach seinem Tod haben manche, die ihn kannten und liebten, behauptet, Fritz wäre „immer gut drauf gewesen", ein Mensch, den sie niemals schlecht gelaunt erlebt hätten und sich traurig oder deprimiert gar nicht vorstellen konnten.

Jeder mag sich an diesen Menschen mit seinen vielen Facetten so erinnern, wie es ihm richtig erscheint, ich aber habe ihn ganz anders in Erinnerung: Fritz war überhaupt nie „gut drauf", was er, der über drei Jahrzehnte fast jeden Tag mit einer schweren Verkaterung beginnen musste, auch gar nicht sein konnte. Nein, er war weder gut drauf noch ein lustiger Kerl, im Gegenteil. Er war beständig schlecht drauf, und wie bei vielen Humoristen war auch bei ihm die unheilbare Melancholie der bestimmende Grundzug seines Charakters. Für viele war es lustig, mit ihm zusammen zu sein, er selbst aber war nur selten „lustig". Witzig, das war er, sehr witzig sogar und, was selten einer zustande bringt, ausdauernd witzig. Und unterhaltsam, denn er mochte es sich nicht zubilligen, die Leute zu langweilen. Er hat uns auch nie gelangweilt. Mit seinem Witz hat er zahllosen Salzburgern das Leben erleichtert, und sein Gelächter hat uns mitgerissen. Aber es war, von Anfang an, ein Gelächter nah dem Abgrund.

Tania Hölzl

Waltraut Rainer
„Erst wenn ich ‚Nein' sag', leiht sich mir das Leben"

Vorspiel

Salzburg in den 1980ern, nahe dem Müllner Steg. Ein sehr junges Mädchen sitzt auf einer Bank und starrt unverwandten Blickes aufs Wasser. Waltraut fällt bei einem Spaziergang auf, dass mit der Fremden etwas nicht stimmt, spricht sie an und nimmt sie nach Hause mit. Diese verlorene Seele schreibt ihr nach dieser Begebenheit einen Brief: „Können Sie sich noch an das 14-jährige Mädchen auf der Brücke erinnern? Ich danke Ihnen tausendmal im Namen meiner Eltern und mir selbst, daß Sie mich angesprochen haben. Denn wenn Sie und ihr Ehemann nicht gewesen wären, dann würden meine Eltern jetzt eine Vermisstenanzeige in der Zeitung aufgeben. [...] Ich hatte die Absicht, in den Fluss zu springen und Selbstmord zu begehen. [...] Ich stand auf der Brücke und alle Leute schauten mich an. Dann hielt ich es nicht mehr aus, ich setzte mich auf die Parkbank. Dann kamen Sie als rettender Schutzengel und nahmen mich auf. [...] Vielen Dank für Ihr Verständnis. Nochmals tausend Dank und herzliche Grüße, Ihre Dagmar." Waltraut antwortet: „Liebe Dagmar! Heute habe ich Deinen Brief bekommen. Ich freue mich sehr, Dich kennengelernt zu haben: Du bist ein feines, ernstes und wertvolles Mädchen, das habe ich ganz still beobachtet – und ich werde mich auch sehr freuen, wenn Du auch wieder fröhlich und lebensfroh bist. [...] Vielleicht kann ich Dir mit einer Beobachtung, die ich gemacht habe, helfen: es gibt Augenblicke im menschlichen Leben, da scheint plötzlich alles ganz zugespitzt ausweglos und sinnlos – aber wenn man dann mit aller Kraft, die man noch hat, dem Leben eine Chance lässt, indem man abwartet, nur abwartet, dann beruhigt die Zeit die aufgewühlten Empfindungen, die Verzweiflung – und man bekommt ganz von selbst wieder einen schärferen Blick für mögliche Problemlösungen. – Aber auch das Gespräch mit einem verständnisvollen Menschen, den es wirklich immer gibt, wenn man sucht (auch das ist eine Erfahrung von mir), erleichtert und zeigt, daß es immer einen begehenswerten neuen Weg gibt. Meine liebe kleine große Dagmar, ich wünsche Dir alles alles Wichtige für dein kostbares junges Leben, und du selbst musst es auch lieben!! [...] es grüßt dich ganz herzlich, Deine Waltraut Rainer"[1]

Waltrauts Grundhaltung –
„wenn du mich suchst, du find'st mich gegenüber"

Diese Episode illustriert die generelle Haltung Waltrauts Menschen gegenüber. Die Geschichte spricht von ihrer Feinfühligkeit, Zivilcourage und Fähigkeit zum Dialog. Es zeigt sich ihr unvoreingenommener Blick auf Menschen. Enragiert und warmherzig öffnete sie sich diesem ihr unbekannten Mädchen. Ihr Wohlwollen, ihre Herzlichkeit und Vorurteilsfreiheit – das schätzten so viele Menschen an ihr. Dies schloss ohne Wenn und Aber die ‚Verlorenen' unserer Gesellschaft mit ein. Diese so wertvollen Eigenschaften sind rar in einer sattsam konservativen Stadt, wo ein leicht abfälliger Blick, ein schnelles Kategorisieren zum Habitus vieler gehört. Durch Waltrauts Gleich-Herzlichkeit allen gegenüber fühlte man sich augenblicklich von ihr angenommen. Ich kann mich nicht entsinnen, sie jemals dabei beobachtet zu haben, dass sie in abschätziger oder verletzender Weise mit anderen umgesprungen wäre. Die Sentenz „Faßt mit behutsamer Freude / netzt endlich mit Liebe das Nahe"[2] aus ihrem Oratorium *Wir, Kains Kinder* schien ihre Maxime zu sein.

Und dann ihre Stimme, so voll, so wohlklingend, wahrlich euphonisch. Hier feierte ihre Sinnlichkeit ein Fest. Vielen von uns hallt das Timbre ihrer Stimme, deren Melodieführung und Rhythmus noch immer nach. Eine Freundin der Familie, Michaela Fleischer-Noa, formuliert es so: „Deine Stimme bleibt mir, das Diskutieren, Dein jubelndes Lachen stets im meinem Kopf"[3]; eine andre, Heidy Müller: „Ihre Stimme wird mir stets in lebendiger Erinnerung bleiben."[4] Diese eindrucksvoll-ausdrucksstarke Stimme nun diente dem sensiblen Gespräch ebenso, wie sie diese ihrem ethischen Anspruch gemäß gegenüber politischen und ökologischen Unzumutbarkeiten erhob. Da strotzte sie geradezu vor Leidenschaft, Lebenslust, Stärke, Entschlossenheit und Kampfgeist. Ja, ihre Stimme verband sich mit einer Sprachmächtigkeit und diente als vorzügliches Instrument, um sich öffentlich Gehör und Raum zu verschaffen. Mit dieser Stimme nun sprach sie auch mit all ihren politischen Gegnern respektvoll. Sie entwürdigte nicht, stellte niemanden bloß, doch ging es einmal ums Wesentliche – sprich gesamtgesellschaftlich Existenzielle – konnte sie scharf und vehement auftreten. So sorgsam wie Waltraut mit anderen umging, scheute sie dennoch nicht davor zurück, politisch Tacheles zu reden. Niemals machte sie aus ihrem Herzen eine Mördergrube.

Vermutlich entging sie auch wegen ihrer einnehmenden Art den Angriffen politischer ‚Feinde'. Nur einmal, so ihr Sohn Mischa, besuchte sie eine FPÖ-Veranstaltung in Wien, mischte sich ein und bald formierte sich kollektiver Widerstand gegen sie, worauf sie kapitulierte und ging.

In Waltrauts Persönlichkeit kreuzten sich Originalität mit Eigenwilligkeit und Widerspruchsgeist. Konrad (Sohn Numero drei) bescheinigt seiner Mutter „sokratische Neugier". Sie ließ sich auf keinen Nenner bringen, und umgekehrt gebot sie selbst über „wenig Schubladen", wie ihr Sohn Mischa schildert, „in die sie andere Menschen reinsteckte". Und weiter: „Sie hat die Menschen jeden Tag neu wahrgenommen. Wenn man die Schnittmenge der Gauß'schen Verteilungskurve nehmen würde, so war sie mit ihrem Blick auf andere am äußersten rosaroten Rand." Dieses Schönfärberische in und an ihr, das Mischa anspricht, weigerte sich beharrlich, menschliche ‚Abgründe' wahrzuhaben. Im sozialen Umgang war sie gänzlich desinteressiert an den üblichen „destruktiv sozialdarwinistischen Spielchen, wie jemanden blöd dastehen, auflaufen lassen oder Informationen vorenthalten".

Diese grundpositive Einstellung gegenüber Menschen verstellte ihr jedoch nicht die Sicht auf die politischen Geschehnisse. In dringlichen Themen wie Ökologie, Frieden, dem globalen Turbokapitalismus, dem unethischen Konsum der reichen Länder, die bis heute nichts an Brisanz verloren haben, bewahrte sie sich einen scharfsinnig-prognostischen Blick und ein Urteilsvermögen, das gar nichts beschönigte.

Ihr Widerständig-Sein, Bestehendes nicht als Fait accompli hinzunehmen, sieht Konrad in der Verszeile „wenn du mich suchst, du find'st mich gegenüber"[5]. Dieser Satz indiziere zudem ihr Nonkonformistisches, ihr „ich bin ganz woanders, nicht da, wo du mich suchst". Der Satz spricht für mich auch von ihrem Sich-nicht-einfangen-Lassen, Nicht-vereinnahmen-Lassen und gleichzeitig von ihrer Selbstbestimmtheit, die sich niemals unterordnete.

Waltraut schillerte auch äußerlich, das machte aus ihr eine stadtbekannte Erscheinung. So wie ihre Stimme betören konnte, bezauberte ihr anachronistischer Kleidungsstil. Hier kamen eine dem Look des 19. Jahrhunderts verschriebene Märchenfee und eine emanzipierte Frau der 1920er Jahre zueinander. Sie trug die Kleider und Hosen lang, hüllend, wallend, in der Farbskala von Schwarz, Grün, Braun; die Haare, oft von einem Stirnband gebändigt, bedeckten die Ohren.

„Die Welt ist schön" oder „unbeschwertes Jonglieren mit Wirklichkeiten und Gegebenheiten"

Waltraut strahlte zumeist eine intensive Lebenslust aus. „Waltraut kam öfters gleich früh am Morgen zum Frühstück und fing den Tag singend ‚Ach Kinder, ist das Leben schön!!' an"[6], erinnert sich Barbara Vrančič-Gandl, eine Freundin der Familie. Diese ‚Die Welt ist schön'-Haltung ging in gewisser Weise auch damit einher, wie sie ihre Geschichten, Erzählungen, Ausführungen herzeigte. Gelegentlich eignete ihnen ein gewisses dramaturgisches Element, will heißen, sie schmückte diese ein wenig aus und schrieb sie hin und wieder auch ein kleines Stück weit um, auch um die Zuhörerschaft kräftiger zu packen, wie mir unter anderem ihr Mann Werner erzählt. Komponist und Marionettenkünstler Georg Jenisch formuliert charmant: „Und da ist es vor mir, ihr unbeschwertes Jonglieren mit Wirklichkeiten und Gegebenheiten; ihr zutiefst eigener Blick – und sei er nur augenblicklich durch die freudige Umkehrung alles Vorhandenen entstanden. Und vor mir ist ihre staunende, neugierige Art, alles was man ihr erzählte zu betrachten. Wie oft war mir das glücklicher Prüfstein. Und in ihrem Feuereifer war sie mir wie einer, der auf einem hohen und verschneiten Gipfel versuchte energisch Cello zu spielen, – mit dazugehörigem Notenpult. Kurios und wunderbar. Drängend und mitreißend, wofür ich ihr dankbar bin; immer und immer wieder."[7] Das Temperamentvolle, Enthusiastische, Quietschlebendige steckte in ihr, so das Unisono vieler Menschen, mit „Feuerwerk, Kraftwerk, Wegweiser"[8] fasst sie die Freundin und Kinderbuchillustratorin Monika Laimgruber.

Diese Mischung von unbedingtem Willen zur Kommunikation, Lebenslust, Leidenschaft und wohlwollendem Dasein hat mich immerzu fasziniert. Waltrauts Weitherzigkeit beruht, so denke ich, zum Teil darauf, dass sie selbst viele Identitäten, Rollen und auch wechselnde Lebensumstände durchmachte: Als Kind trotz des Krieges wohlhabend aufgewachsen, eine Zeit lang in einem Schloss in den Niederlanden (ihr Vater Robert Thiel war ein ranghoher Nationalsozialist), lebte sie ab 1944 in Kärnten, ab der zweiten Hälfte der 50er Jahre in Salzburg relativ bescheiden. Als junge Frau war das Geld knapp, doch das bekümmerte sie wenig, wie mir Mischa erzählt. Ein gewisser Wohlstand trat erst ein, als ihr Mann eine – schlussendlich beachtliche – Beamtenlaufbahn (Hofrat) einschlug. Ihr Leben zeichnete ein gewaltiges Kompendium an Rollen aus: Magd, Haushaltshilfe, Angestellte, Gesangsstudentin, Sängerin, Celloschülerin, Bildhauerin, Zeichnerin, Lyrikerin, Librettistin, dann vor allem Friedens- und Umweltaktivistin, ökologisch und friedenspolitisch engagierte Schriftstellerin, humanistische Menschenrechtlerin, eine „Romantisch-Oppositionelle" (Mischa), Anruferin bei Radiosendungen, Verfasserin von unzähligen Leserbriefen und Rundschreiben, Tagebuchschreiberin, Gastgeberin im Salon, Mutter, Ehefrau, Großmutter, Vorleserin, unermüdliche, energische Rednerin, Mahnerin, Diskutantin, Disputantin, Generationenverbinderin.

Der Salon in der Arenbergstraße

Waltraut unterhielt einen ‚Salon', in der Arenbergstraße 3 gelegen, wo sie lange Zeit mit ihrem Mann und den drei Söhnen residierte. Das Interieur beschwor den Historismus des 19. Jahrhundert, die Mentalität ein Hauch wagnerianisch, ein wenig der Oper dieser Zeit entlehnt. Die Farben der Wände, Grün und Ocker, sowie die vielen alten Möbel und weichen Polster dunkelten die Räume, tauchten sie in schwere, freilich auch trauliche Atmosphäre. Dunkelrote Brokatvorhänge mit vielen Kordeln und alte Teppiche, über die Tische drapiert, taten ihr Übriges zur weichen, gemütlichen-gedämpften ‚Höhle'. Alles im Salon trug Waltrauts Handschrift. Hier könnten sich ihre so geschätzten Künstler Heine, der alte

Goethe oder Mahler ein Stelldichein gegeben haben – oder, um einen Modernen zu nennen, Andrei Tarkowski, der sowjetische Filmemacher.

An diesem Hotspot, wo man aufkreuzte, wann einem gerade der Sinn danach stand, drückten sich inspirierte wie inspirierende Leute aller Altersgruppen die Klinke in die Hand. Man zelebrierte die hohe Schule der Offenheit und Dialoggewitztheit – pulsierend, oft unbeschwert, lebhaft. Aber auch sinnliche Genüsse, Kunst und Unterhaltung kamen nie zu kurz.

Waltraut führte ein offenes Haus und liebte die Rolle einer warmherzigen Gastgeberin. Auch ich war häufig zu Gast, fühlte mich stets willkommen und freudig bejaht. Jahrzehntelang gingen dort spontan dutzende ‚Menschlein' (würde sie sagen, sie hatte ein Faible für diminutivische Formen) aus und ein, manche zogen auch für länger ein. So ließ sie in ihrer Zugewandtheit die vormaligen Freundinnen ihrer Söhne nie los, sie blieben immer Teil der Familie.

Im Salon verkehrte einesteils ein intellektuell-künstlerisches Milieu: Komponisten, Maler, Schriftsteller, politische Akteure – viele der damals Jungen arbeiten heute im künstlerischen Feld. Andernteils wurden auch „skurrile Persönlichkeiten, die in Richtung ‚Sandler' unterwegs waren, aufgelesen", insgesamt „ein zusammengewürfelter Haufen", so Konrad, der dem Salon etwas „Anarchistisches, Subversives" attestiert. Matthias Reichl[9] fasst den Salon als ein „bürgerliches Ambiente mit unbürgerlichen Themen", dessen Zentrum um unterbelichtete und abgeschobene Themen wie die keimende Umweltpolitik kreiste; das Publikum charakterisiert er so: „Ein bisschen Bildungsbürger und Leute, die sich emanzipieren wollten." Zusammen mit diesem Freund und Friedensarbeiter im (Un-)Ruhestand heckte Waltraut viel Rebellisches aus. Ihre interventionistischen Radioanrufe gingen so weit, dass manche Sender die beiden zeitweilig auf den ‚Index' setzten. Ähnliches passierte mit ihren Leserbriefen an Printmedien.

Waltraut klassifizierte nicht, hieß nicht allein gesellschaftlich Arrivierte, sondern ebenso mit wenig symbolischem Kapital ausgestattete Leute ‚von der Straße' willkommen. Jenseits eines wohlbürgerlichen elitären Anspruchs ging es ihr um die „Originalität der Menschen und interessante Haltungen" (Konrad), nach ihm herrschte dort thematisch kein „Kuschelklima", es war ein „Gedankenteilen, Austauschen, ein intensiver Diskurs und Streitgespräche. Es war der Versuch eines Diskurses mit Unfällen und sonstigen Erscheinungen, die nicht nur nett ausgegangen sind."

Mitstreiter Matthias sah in Waltraut „eine Salonlöwin, die couragiert auch außerhalb ihres Geheges laut brüllte und die Zähne zeigte. Quasi als Gegen-Satz zu introvertierten Plauderstündchen mit wenig oder gar keinen Auswirkungen auf die gesellschaftliche Wirklichkeit. Waltraut war bewusst, dass gut gemeinte Informationsgespräche zwar wichtig sind, doch die brisanten Inhalte nach einem Agieren nach Außen in Richtung (gewaltfreier) Veränderung der Verhältnisse verlangen."[10]

Im Salon, so denke ich, artikulierte sich Waltrauts Sehnsuchtsort, den sie liebevoll gestaltete – auch als utopischer Traum nach einer anderen Zeit und einer offenen, pluralistischen Gesellschaft lesbar. Vielfacettig wie Waltraut, war der Salon selbst: Einerseits verhieß er ein wenig Gegenwelt, der etwas Bergendes, Behaustes, Beschütztes hatte, ein Rückzugsort, er versprach ein Buen Retiro, eine Antithese zur rauen Wirklichkeit. Andererseits war er von politisch virulenten Themen, den Dingen der *res publica* beherrscht und fungierte als semiöffentlicher Begegnungsort.

Warum und wie ich arbeite –
„meine unruhe-stiften-wollenden Zeichen"

So wie es im politischen Leben Ereignisse gibt, die die Zeit klar in ein Davor und Danach scheiden, so auch in Waltrauts Leben. In den frühen 1980er Jahren begann Waltraut, sich mehr und mehr für den Schutz unserer Lebenswelt stark zu machen. Aus der Perspektive des Nachher lässt sie sich damit als eine wichtige Akteurin einer gerade erst keimenden Umweltschutzbewegung zurechnen. Retrospektiv reflektiert sie ihr politisches Erweckungserlebnis: „Im Juni 1981 (bis dahin jemand, die sich zu den Glücklichen zählte) entdeckte ich zu meinem Entsetzen an verschiedenen Bäumen gelbe und fallende Blätter, und hinter unserem Haus am Kapuzinerberg zogen ganz plötzlich eine Reihe von Bäumen quasi ‚ihre Mäntel aus', innerhalb kürzester Zeit waren sie entrindet und standen wie hübsche Gerippe da. [...] Nach einem halben Jahr in psychischer Erstarrung kam ich zu der Erkenntnis, etwas tun zu müssen, wenn ich nicht krank werden wollte."[11]

Und so griff sie, erstmalig im Winter 1981, zur Feder[12], pardon, zur Schreibmaschine – „und das tue ich bis jetzt. An Politiker, an die Leute der E-Wirtschaft, an [die] Industrie, an Soziologen, an die Kirche, an Zeitungen u. s. w.; das geht hin und her"[13]. Ihr stand natürlich überdeutlich vor Augen, dass so ein Brief rasch einmal halb- oder gar ungelesen im Papierkorb landet, weshalb sie eine findige „Methode mit größtmöglicher Wirksamkeit" ersann. Sie stellte folgende Überlegung an: „meine Schreiben zu kopieren und die Kopien an die ‚Freunde' oder (und) Feinde der angeschriebenen Persönlichkeiten zu verschicken, gehe auch mit deren Antworten nicht sehr fein um, kopiere auch diese und gebe sie ebenfalls weiter an Leute, die sich darüber ‚freuen' oder ärgern. Kurz, ich habe ein kleines gemeines Intrigennetz ausgeworfen über Menschen, die einander kennen und denen das unangenehm ist (das ist aus Antworten ersichtlich). [...] Ja, und diese ganz amüsante oder weniger amüsante, zeit- und kraftraubende Unternehmung aus der großen Angst heraus, daß durch die ‚Leute am Hebel' die Notwendigkeit einer Kurswende in einer Zeitenwende nicht begriffen werden will oder kann."[14]

Bertie, eine Freundin und politische Gefährtin Waltrauts, erlebte sie als eine Person von geballter Kreativität, überall spürbar, mit einem ausgeprägten Sensorium, eine Künstlernatur, wie sie Dinge betrachtete, Probleme darstellte und Lösungsansätze suchte. Sie erfand Modelle zur Erreichung von Zielen, die nicht jedermann einfielen, dachte verquer.

Zu dieser öffentlichkeitserzeugenden raffinierten Methode kam ein weiteres Agitationsmittel hinzu, die Kunst des Gesprächs: In einem Brief pointiert sie ihr Methodenarsenal: „[...] ich stelle Umweltdokumentationen zusammen, verfasse Briefe und Rundschreiben und verschicke sie an Politikeradressen; außerdem spreche ich soviel wie möglich mit Menschen, die ich treffe [...]." Doch ist sie sich der Grenzen ihrer Mittel klar bewusst, wenn sie gleich im Anschluss darauf formuliert, „aber eigentlich müsste auf den Turm gestiegen werden, um Sturmglocken zu läuten"[15].

In ihrem Text *Warum ich schreibe* gibt sie Rechenschaft über ihre Kernanliegen: „Mich erschüttert die verbreitete Verantwortungslosigkeit, der Mangel an Bereitschaft, der grenzenlosen Übersättigtheit (durch übervolle Tröge) endlich den nötigen Fußtritt zu verpassen, Erschlaffung abzuschütteln und voll Sehnsucht und Hunger nach einem ÜBERLEBEN ALLER zu streben, das nur durch freiwillige (!) Selbstbeschränkung der reichen Länder gewährleistet wäre – ja, und zu kämpfen für diese Utopie: MENSCHENWÜRDE DURCH MASS, das unser Planet verkraftet. Vielleicht kann ich einen Beitrag dazu leisten, wenn nicht – ich setze sie trotzdem – meine unruhe-stiften-wollenden Zeichen."[16]

Ihre provozierenden Briefe und Bekenntnisse geben Zeugnis von einem tiefen Glauben an die Kraft des Dialogs, weshalb Waltraut sich auch entrüstete, wenn jedwede Reaktion ausblieb. Für ihre Anliegen griff sie selbstverständlich auch zum Telefonhörer, das Medium bezog sie in ihren Aktionsradius intensiv mit ein. Sie führte zahlreiche politisch motivierte Telefonate, unterhielt sich aber auch stundenlang mit Leuten, die seelische Hilfe benötigten. Immer setzte sie auf das humanistische Prinzip, dass man Personen ernst nimmt und prinzipiell jede und jeder des Umdenkens fähig ist, so Matthias, der sie als alternative Kraft, idealistisch und unabhängig erlebte, als ‚David gegen Goliath'. Es ging ihr um die existenziellen Themen, die sie in ihrem ernsten Bedrohungspotenzial nie und nimmer kleinredete.

Parteiliches Eingreifen

Unermüdlich prangerte sie das Baumsterben und die Luftverschmutzung an, verwies auf den rücksichtslosen Ressourcenverbrauch und die Umweltbelastung, die irgendwann einmal irreversibel sein wird. Stets dachte sie an die Zukunft der nachfolgenden Generationen, die es im Heute verantwortungsvoll zu gestalten gelte. Als strikte Gegnerin des motorisierten Individualverkehrs besaß sie selbstredend niemals ein Auto (was nicht ausschloss, dass sie sich ab und an nicht ungerne herumkutschieren ließ, wie Konrad amüsiert erzählt).

Umweltpolitisches Engagement verband sie mit Kritik an der grenzenlosen Gier, dem Zynismus und der unsolidarischen Rücksichtslosigkeit der reichen Länder, dessen politische und soziale Konsequenzen sie klarsichtig sah. Beispielsweise bemühte sie sich in der ersten Hälfte der 90er Jahre erfolgreich darum, José Lutzenberger, den ehemaligen Umweltminister Brasiliens und Träger des alternativen Nobelpreises für Umweltschutz 1988, für Vorträge nach Österreich zu holen. Zudem lobbyierte sie zusammen mit anderen für die Verleihung eines Ehrendoktorats an ihn. Sie intervenierte bei Universitätsprofessor Heinrich Wohlmeyer: „Es geht um einen unermüdlichen Ermahner, der bei den Regierenden, bei der Weltbank, bei den Multis (er lässt quasi ‚niemanden aus'), auf internationalen Großkonferenzen vorspricht und auf die ökologischen wie sozialen Konsequenzen vor allem für die armen Länder durch grenzenlosen Raubbau an nicht unbegrenzten Ressourcen dieses Planeten aufmerksam macht."[17] Das Engagement zeitigte Früchte: Am 21. März 1995 zelebrierte die Universität für Bodenkultur in Wien den Festakt.

In der Antiatombewegung aktiv, richtete sie unermüdlich zahllose Briefe an Verantwortliche der Elektrizitätswirtschafts-AG, an Vertreter des Gewerkschaftsbunds und Politiker[18], vehement trat sie gegen die damals geplanten Atomkraftwerke Zwentendorf (NÖ) und Temelín (Tschechien), das 2000 dann doch in Betrieb ging, sowie die Wiederaufbereitungsanlage Wackersdorf (Bayern) auf. Sie verwies auf zukunftsträchtige Alternativkonzepte und bewies auch darin prophetische Urteilsschärfe. „Das zukünftige Motto vor allem der Mütter und Frauen als den allem Anschein nach bewussteren Verantwortungsträgern des Wohls der Betroffensten, der Kinder, muß heute heißen: Wir lassen uns nach Tschernobyl [wo sich 1986 im dortigen Atomkraftwerk eine Nuklearkatastrophe ereignete] die Zumutung eines auch noch so niedrig angesetzten Restrisikos durch eine technokratisch geprägte Macho-Welt", die sie „als eine globusumspannende schöpfungsgefährdete Schizophrenie" definiert, „nicht gefallen."[19]

Die Diffamierungen der ökologischen Bewegung als Ideologie konterte sie: „Ist es denn wirklich so schwer, als Motor der ‚Umweltschützer' ganz einfach *Angst um's Überleben aus Liebe zum Leben* zu erkennen?"[20] Wiederholt rief sie zur Kurskorrektur auf – den Katastrophen des 20. Jahrhunderts eingedenk – und plädierte für die Renaissance von humanistischen Werten wie soziales Gemeinwohl und kritisierte aufs Ökonomische reduzierte Vorstellungen von Lebensqualität: „Was [den Zukunftsforscher] Robert Jungk von anderen Mahnern unserer Tage so unterscheidet, ist sein Hoffen! Bittere persönliche

Erfahrungen, die er zugleich mit seinem Volke vor Jahrzehnten erleiden mußte, konnten seinen Glauben an das Konstruktive im Menschen, an dessen Fähigkeiten, Irrtümer zu erkennen, und sie an den Maßstäben der Humanität neu zu orientieren, nicht trüben. Er glaubt zutiefst an die Erweckbarkeit von Phantasie und Vernunft zum Gemeinwohl: Lernen wir von ihm, Zukunft wieder erstrebenswert zu sehen! Mit unserer so bequemen und kurzsichtigen Interpretation von Lebensqualität, mit Ignoranz, Gleichgültigkeit oder depressiver Passivität haben wir uns, vor allem aber unseren Kindern, die Zukunft ganz sicher verstellt."[21]

Ihre unglaublich umfangreiche Korrespondenz umfasste oft ellenlange Briefe, die ebensolche Antworten nach sich zogen. Dieser „ganz andere Geist in der Kommunikation", so Werner, wirkt im gegenwärtigen schnelllebigen *gefällt mir, gefällt mir nicht* der Digitalgesellschaft wie aus der Zeit gefallen. In unzähligen Texten attackierte sie die von zerstörerischen Denkmodellen beherrschten *old boys*-Netzwerke und forderte die Frauen zum Handeln auf. Dahinter stand ihre (leider viel zu optimistische) Annahme, das weibliche Geschlecht sei verantwortungsvoller und könne die Geschicke der Welt mit Klugheit und Strategie lenken.

Die frühe Umweltbewegung dominierten die Männer. Doch Waltraut ließ sich nicht beirren. Sie trat – in den Augen von Bertie – wie wenig andere Frauen in der Umweltszene emanzipiert, selbstbestimmt und voll der Überzeugungskraft auf, benötigte keinen Mann als Rückendeckung. Ihre Stimme wie ihre Fähigkeit zu formulieren voll zum Einsatz bringend, fürchtete man sie gelegentlich in öffentlichen Diskussionen. Doch gelang es ihr, sich durch Beharrlichkeit und umfassendes Detailwissen auch bei Expertendiskussionen Respekt zu verschaffen. Nie querulantisch und raunzerhaft, brachte sie wertvolle Argumente in die Diskussionen ein. Auf plakative, falsche Argumente hielt sie entsprechend versiert und sachlich dagegen.

Unabhängigkeit und Handlungsaufforderungen
Waltraut gehörte keiner Partei an, niemals; ÖVP, SPÖ und die Grünen warben vergeblich um sie. Verbunden fühlte sie sich vielen NGOs wie Greenpeace, Attac,

genauso wie überparteilichen Aktionskomitees (etwa „Mütter für eine bessere Luft", „Aktion grüne Salzach"), freilich muss betont werden, dass sie immer autark agierte. Viele Menschen, unter anderem ihr Sohn Mischa, begriffen sie eher als Einzelkämpferin nach dem Motto „ich engagiere mich, bin aber nie Teil von euch". Als sich die Alternative Liste Salzburg und die Vereinten Grünen Österreichs 1983 spalteten, zeigte sie ihr Unverständnis darüber: „Ich teile mit Euch die beiden großen Anliegen, unsere Erde vor weiterer Zerstörung durch rücksichtslose Benützung bewahren zu wollen, sowie für die Bewusstseinsbildung für die Notwendigkeit von Abrüstung und damit für den Frieden zu ‚kämpfen'." Die „Aufsplitterung in zwei Parteien" nütze „nur wieder den Etablierten" und angesichts der „Dringlichkeit der Behandlung von Problemen, die Überlebensprobleme geworden sind, sehr bedauerlich"[22]. Sie trat für eine Wiedervereinigung ein, dann wäre für sie wie auch für manch andere „ein positives Bekenntnis kein Problem mehr"[23]. Diese Geschichte spricht von einem tiefen Wunsch nach Aussöhnung, Versöhnung, den ich vermeine, an ihr erkannt zu haben, und dem auch in anderen Lebensbereichen eine ausschlaggebende Rolle zukam, doch nur, wenn man dabei nicht versuchte, sie zu korrumpieren.

Ihre gelungene Selbstermächtigung ging mit klaren Handlungsaufforderungen und einer Kritik von Herr-Knecht-Verhältnissen einher. Sie zeichnete eine rigorose Nicht-Linientreue aus. Weder klassische Linke noch klassische Bürgerin, signalisierte ihr Habitus keine absolute Zugehörigkeit zu irgendeiner gesellschaftlichen Gruppe. Sie verweigerte sich einem klassischen bürgerlichen Lebenslaufregime ebenso wie linearlinken und allzu rigorosen Vorstellungen darüber, was denn richtig sei.

Bertie bewundert ihre maximale Selbstständigkeit im Denken und in der Praxis ihres Lebens. Diese Fähigkeiten stachen hervor, ein wunderbares Korrektiv zu allzu engen Vorstellungen, wie man denn zu sein und zu leben hätte. So wies Waltraut auch das verbreitete Diktum „selbstständig oder emanzipiert ist man nur, wenn man selbst Geld verdient" zurück. Sie nützte ihre Chance und Freiheit als Hausfrau perfekt (was nicht heißt, dass sie selbstständige Erwerbsarbeit von Frauen nicht begrüßte). Statt Herumsitzen und Jammern setzte sie auf Entfesselung von Aktivitäten. Bertie schätzte Waltrauts konsequentes Verbinden von Denken und Tun. Ihr unorthodoxes Lebensmodell war etlichen Menschen ein Vorbild.

Die vielfachen Aufforderungen zu Kursänderungen, die „Korrektur von inzwischen lebensbedrohlichen Wertvorstellungen und Praktiken"[24], korrespondierten mit den häufigen Appellen an ein Umdenken und an die Handlungsmacht der Individuen: „Leider muss ich immer wieder den Satz hören: ‚Was kann der einzelne schon tun? Es hat deshalb gar keinen Sinn, anzufangen.'"[25] Dringlich wies sie auf nötige Aktionen hin: „Aber auch jeder einzelne von uns muss ab sofort handeln, das heißt, die Verantwortung für die Zukunft seiner Kinder endlich in die Tat umsetzen und umdenken, ab sofort, sonst hat unsere Generation eine in der Geschichte der Menschheit einzigartige Leistung vollbracht: sie hat die Zukunft ihrer Kinder bereits verkonsumiert."[26]

Gegen Krieg und andere Gewalttätigkeiten

"Erst wenn ich ‚Nein' sag', leiht sich mir das Leben" betitelt sich eines ihrer Gedichte.[27] Waltrauts Widerständigkeit fängt laut Mischa beim eigenen Vater an, einem in den Parteiapparat eingebundenen Nationalsozialisten.[28] Mischa erlebte seine Mutter in Opposition zu ihrem Vater und gleichzeitig scheute sie die direkte Konfrontation mit ihm. Zutiefst verachtete sie seine Ideologie; ihre Verweigerungshaltung und Unangepasstheit sieht Mischa in der lebensgeschichtlichen Opposition zum Vater, der lebenslang ein schweres Erbe verhieß. Der Vater nahm sie auch, gerade sechzehn Jahre alt, aus dem Gymnasium und steckte sie zu einem ewiggestrigen Großbauern-Nazi, bei dem sie sich als Magd verdingte. Als Kleinkind in den von den Nazis besetzten Niederlanden saß sie auf Arthur Seyß-Inquarts Schoß, der ab 1940 Reichskommissar ebenda war. Waltraut erzählte von jüdischen Kindern, mit denen sie durch einen Zaun hindurch spielte.

Ich frage mich heute, wie sie diesen Sachverhalt im tiefsten Inneren empfand? Wie hat sie das verkraftet? Gerne hätte ich mit ihr darüber einmal ausführlich gesprochen. Christa, die einstige Schwiegertochter, erzählt mir, dass sie eine Kollektivschuld als Tochter eines Nazis zutiefst zurückgewiesen hat. Eine Passage aus ihrem Gedicht *Manchmal*, in dem frühkindliche Schmerzerfahrung anklingt, könnte ein Schlüssel sein: „Mir wurden die Sinne durchtrennt / als wenige Jahr' ich geboren"[29].

Vielleicht hat ihre nichtverurteilende Art mit diesem Teil ihrer Lebensgeschichte zu tun. Ich erinnere mich an ihre Freundin Izabella Sosnowska, eine polnische Jüdin, die sich als Musikjournalistin betätigte. Sie hatte Auschwitz überlebt, auf ihrem Unterarm trug sie die Häftlingsnummer 7675 eintätowiert. Das erschrak mich seinerzeit enorm. Waltraut erzählte mir, Izabella habe fast immer nur geschrien, sobald sie versuchte, von Auschwitz zu berichten. Die Geschichte der Freundin thematisierte sie in ihrem Libretto *Judith und Holofernes*. Nach der Germanistin und Kunsthistorikerin Anna Maja Misiak wird in Waltrauts Interpretation die persönliche Begegnung von Holofernes und Judith mit der auf die ganze Menschheit ausgeübten Gewalt des Kriegs identifiziert, nach ihr werden die „Strukturen der Personen entindividualisiert; das Einzelschicksal löst sich im universellen Diskurs auf"[30].

Waltraut war sehr hellhörig, was strukturelle Gewalt und ihre Effekte auf das Individuum angingen. Als Mischa 1988 in Haft saß, nachdem dreimal Anträge auf Zivildienst abgewiesen worden waren und er den Wehrdienst verweigerte, argumentierte er: „Ich will mich nicht zum Töten ausbilden lassen" und verwies auf seine gewaltfreie Erziehung.[31] Die wehrhafte Mutter sammelte Unterschriften, organisierte Demonstrationen gegen die Inhaftierung ihres Sohns und sein Recht auf Zivildienst. Last not least telefonierte sie mit Innenminister Karl Blecha (SPÖ), woraufhin Mischa nach zwei Wochen Haft wieder freikam. Der vierte Zivildienstantrag ging dann problemlos durch.

Gewalt, welche Fratze sie auch immer zeigte, lehnte sie rundweg ab, weshalb sie immer wieder gegen Kriege anschrieb. So zögerte sie auch nicht, den Schriftsteller Peter Handke mit dessen Haltung zum Jugoslawien-Krieg zu konfrontieren: „Meine Frage an Peter Handke: Wie konnten Sie anlässlich Ihrer (sonst sympathischen) Sympathiebekundung für Serbien übersehen haben, daß Sie in die Fänge eines Nationalismus geraten sind, der sich von dem vor 1945 nicht unterscheidet? Gerade wir Österreicher sind gefordert, aus unserer jüngeren Vergangenheit endlich zu lernen und noch immer tiefsitzende, allerliebste Sichtgewohnheiten zu verabschieden. Nationalismus hat eine nicht zu leugnende Anziehungskraft, er signalisiert Gemeinschaft, Zusammengehörigkeit, ‚eine Familie', gibt Halt, Sinn, Geborgenheit und Wärme – und alles Fremde stört. Nationalismus ist eine auf Dummheit basierende Arroganz gegenüber allem, was ‚anders' ist, einer der gefährlichsten Nährböden für Menschenrechtverletzungen, Krieg. [...] Nach einer mit Blut geschriebenen Menschheitsgeschichte wäre es an der Zeit, Alternativen zu bedenken, moderne, intelligentere und würdeerhaltende Formen den bisherigen Praktiken vorzuziehen. Krieg erzeugt bekanntlich auch psychischen Schutt: Haβ, Rache – Basis für weitere Unruheherde."[32]

Der Krieg am Balkan sollte sie länger beschäftigen. So sympathisierte sie mit der Idee des Friedensforschers Johan Galtung, einen „gigantischen Friedensmarsch" in das Krisengebiet zu organisieren, und lobt ihn als „Mittel, die ‚Ohnmacht des Zuschauens' zu durchbrechen"[33]. In dem Text *Österreich in die Nato?* spricht sie mit Blick auf unsere südöstlichen Nachbarländer vom Krieg als sich „verselbständigenden Zerstörungstaumel". Sie identifiziert und attackiert die Rüstungsindustrie als „Förderer und Erhalter von Konflikten und diese Geschäftemacherei mit dem Blut der anderen ist als solider Arbeitsplatzgarant bei Politik und Gesellschaft stets hoch angesehen, Biedermann und Brandstifter in einer Person sind sie alle und wir lassen das zu! Der Krieg, diese teuflischste Selbstgeißelung der Menschheit [...] Wann endlich nützen wir, die wir das Glück haben, in Demokratien zu leben, die Segnungen dieser Gesellschaftsform, indem wir uns endlich als freie, Verantwortung wollende, mündige Bürger und nicht als allzeit bereite Untertanen betragen? Jedes Heer [...] stellt [...] seine Könnerschaft in zahlreichen Tötungstechniken unter Beweis. [...] Ist nicht endlich genügend mörderisches und selbstmörderisches Heldentum gefordert und bewiesen worden? Zum Kotzen, dieses unablässige Waffengerassel an den Welt- und Zeithorizonten dieses geschundenen Planeten, dieses Vertrauen in männliches ‚Dreinschlagen' mit immer noch raffinierteren und ‚saubereren' Mordinstrumenten. [...] Nach dem Golfkrieg ist Krieg in unsern Breitengraden in den Gehirnen unserer Obrigkeit wieder eine ‚kalkulierbare Größe' geworden, die Schrecken des 2. Weltkrieges verblassen – unfaβbar! [...] unsere Herren Politiker, voran der tüchtige Herr Haider, träumen von österreichischer Nato-Beteiligung (und Frau Heidi [d. i. Heide Schmidt] ordnet sich weiblich linientreu den Männerträumen unter.) [...] wir haben ein Recht darauf (sowie die schönste Verpflichtung), das Recht auf Leben für unsere Nachkommen einzufordern, jede von uns in ihrer Familie!"[34]

In einem Brief an Bundeskanzler Franz Vranitzky sprach sich Waltraut für die Beibehaltung der Neutralität Österreichs aus: „Österreich befindet sich am Scheideweg, bei Aufgabe der Neutralität droht ein Mittenhinein in zukünftige Konflikte. Neutralität ist aber die *größere* Sicherheit."[35] Sie fragte sich, was los ist mit „jenen österreichischen Politikern, die allen Ernstes erwägen, mit der ‚F' eine Regierung zu bilden – mit einer Bewegung, deren Führer zwei Jahrzehnte lang mit recht markigen, rechtslastigen Aussprüchen Europa schockte (und seither ‚Wählerwillen' nährt)."[36] Sie empörte sich über die „die Weltöffentlichkeit erregende schwarz-blaue Malaise. Wir haben den Schwur Europas nach dem Ende des Schandregimes vor 55 Jahren ‚Nie wieder Faschismus' in den Knochen, genau so, wie auch die 15 Staaten der EU! [...] Der rechtsextremistische Bazillus liegt europaweit auf der Lauer, das wissen die ‚14' sehr genau – deshalb ihre große Aufmerksamkeit gegenüber Österreich!"[37]

Totalitäres und rassistisches Denken blieben ihr zeit ihres Lebens fremd und unbegreiflich. So nimmt es nicht wunder, dass sie feinnervigst das Weltgeschehen verfolgte. In dem Text *Wer öffnete „Die Büchse der Pandora"?* kritisiert sie das Kriegsvorhaben des George W. Bush im Irak und warnt vor den „dramatischen Folgen eines solchen Krieges, u. a. Auslösung eines Weltchaos"[38]. Was sie wohl zum Fortgang der Geschichte und zur gegenwärtigen Zeit gesagt hätte?

Nachspiel

Waltraut schrieb nicht nur politische Texte, sondern auch Lyrik und Libretti. Ihren Themen blieb sie dabei treu, bearbeitet sie nun mit künstlerischen Mitteln. Die Literatur gerinnt so zum Reflexionsmedium. In verdichteter und überhöhter Sprache, meist in klassische Formen gegossen, kämpft sie denselben Kampf. Die Gedichte erzählen von mangelnder Courage und Verweigerung, von Leiden durch den Holocaust und Krieg. „Nichts als Mörder", sie klagt über den „Abgrund des Ohn-Sinns", „[o]b sie nochmals erwacht, die geschändete Welt / (durch Handel und Notzucht und Schlachten)". Die Gedichte wie die Libretti sprechen von einer „frigiden Gesellschaft", von den „Säuren nutzlosen Wohls / im Innern zerfressen", von der Leere und „[v]om Liede lang schon verlassen, / die Paletten der Freuden vergriffen". Stets „vermögenvermehrend" sind sie im „Lande der Hybris daheim".[39]

In ihren drei wesentlichen Wirkungsfeldern – im Privaten, das den Salon mit einschloss; in der politischen Artikulation und in ihrer künstlerischen Produktion – zeigt sich ihre eminent ethisch-politische Weltanschauung. Die ökologischen und kriegerischen Bedrohungen, vor denen sie unermüdlich warnte, sind traurigerweise aktueller denn je. Die allermeisten Texte Waltrauts gleich welcher Art prangern an, üben schwere Kritik an hegemonialen Diskursen, sei es in umwelt-, sozial- und friedenspolitischen Agenden. Und es sind appellative Texte. Der allgemeinen Verantwortungs- und Rücksichtslosigkeit etwas entgegenzustellen, das bedeutete für sie dezidert, sich selbst zu ermächtigen und sich seines Untertanenstatus zu entledigen. Um eine Kurswende zu evozieren und die zynisch-zerstörerischen kapitalistischen Lebensformen aufzubrechen, setzte sie auf Vernunft, Phantasie und Poesie. Waltraut sah klar, dass Frieden und Gewaltlosigkeit beim Umgang mit dem anderen beginnt und dass kleine individuelle Respektlosigkeiten oder Unsensibilitäten mit großen menschenverachtenden Ideologien verwoben sind. Humanitäres Handeln beginnt im Alltag, im Blick auf andere, gerade derjenigen, die am Rande stehen. So ist auch ihre nichthierarchisierende Bejahung des Gegenübers zu verstehen.

Lasst uns Waltrauts Kassandrarufe hören!

Vorliegender Text speist sich aus eigenen Erinnerungen, die ich als eine Freundin der Familie Rainer in mir trage; des Weiteren aus Gesprächen mit Familienmitgliedern, Freunden und Wegbegleitern sowie aus Waltrauts schriftlichem Nachlass. Mein allerherzlichster Dank gilt Dr. Werner Rainer, der mir freimütig Zugang zu Waltrauts nachgelassenen Texten und Korrespondenz gewährte, die ich wunderbar sortiert und aufbereitet vorfand. Ferner danke ich Mischa Rainer, Konrad Rainer, Ulrich Rainer, Christa Rehrl, Bertie Ambach, Matthias Reichl, Lucas Horvath, Michael Ponstingl und Johannes Steidl für ihre Bereitschaft, mit mir nachdenkliche Gespräche zu führen und über Vermessenheit und notorische Verfehlungen von biografischem Schreiben nachzudenken.

1   Briefwechsel Waltraut Rainer (fortan WR) und Dagmar, undatiert (1980er-Jahre).
2   WR, „Wir, Kains Kinder. Oratorium", in: dies., *Lyrik und Libretti*, München: Literareon/Utz, 2007, S. 151–172, hier S. 171.
3   Beileidsbrief und Nachruf Michaela Fleischer-Noa an Familie Rainer, undatiert.
4   Beileidsbrief Heidy Müller an Werner Rainer, 15. Dez. 2009.
5   Aus: WR, „Erst wenn ich ‚Nein' sag', leiht sich mir das Leben", in: dies., *Lyrik und Libretti*, S. 41.
6   Beileidsbrief Barbara Vrančič-Gandl an Werner Rainer, 13. Feb. 2010.
7   Beileidsbrief Georg Jenisch an Werner Rainer, 14. Dez. 2009.
8   Beileidsbrief Monika Laimgruber an Werner Rainer, 15. Dez. 2009.
9   Matthias Reichl (geb. 1942), Mitorganisator der internationalen „Friedensfeier 1968" in Salzburg, Vernetzer von alternativen Basisinitiativen und -bewegungen, u. a. zu Umwelt- und Atomgefahren.
10 E-Mails Matthias Reichl an die Autorin, 11./12. März 2016.
11 Brief WR an Unbekannt, undatiert.
12 Ihre Handschrift zeichnete sich durch eine große, ausladende Schrift aus und korrespondierte mit ihrer präsenten und raumgreifenden Art.
13 Wie Anm. 11.
14 Ebd.
15 Brief WR an Frau Soyka, 4. Feb. 1982.
16 WR, *Warum schreibe ich*, Juli 1990, unveröff. Text.
17 Brief WR an Prof. [Heinrich] Wohlmeyer, 22. Okt. 1994.
18 Briefe richteten sich u. a. an den Bundeskanzler Fred Sinowatz, Heinz Fischer (damals Bundesminister für Wissenschaft und Forschung), Alois Mock (Bundesparteiobmann der ÖVP) und den Bayerischen Ministerpräsident Franz Josef Strauß.
19 WR, „Gedanken zu Wackersdorf" (Leserbrief), in: *Salzburger Nachrichten*, 4. Aug. 1986.
20 WR, „Ökologie = keine Ideologie" (wahrsch. Leserbrief), 16. Jän. 1983, es ist unbekannt, ob bzw. wo der Leserbrief veröffentlicht wurde.
21 WR, „Gebührende Ehrung der Stadt Salzburg für Robert Jungk" (Leserbrief), in: *Salzburger Nachrichten*, 8. Aug. 1989.
22 Brief WR an die Alternative Liste Salzburg, 14. Feb. 1983.
23 Brief WR an Dr. Alexander Tollmann (Vereinte Grüne Österreichs), 14. Feb. 1983.
24 WR, „Ökologie = keine Ideologie" (wahrsch. Leserbrief), 16. Jän. 1983, es ist unbekannt, ob bzw. wo der Leserbrief veröffentlicht wurde.
25 Brief WR an Frau Soyka, 4. Feb. 1982.
26 WR, „Gedanken zum Tannenbaum", in: *Salzburger Nachrichten*, 6. Feb. 1982.
27 In: WR, *Lyrik und Libretti*, S. 41.
28 Robert Thiel (1909–1989) bekleidete u. a. folgende Ämter in der NS-Zeit: SS-Scharführer, Gauamtsleiter, Gauinspektor des Gaues Köln-Aachen, später Provinzkommissar von Nord-Brabant. Nähere Informationen siehe Ute Haug, *Der Kölnische Kunstverein im Nationalsozialismus. Struktur und Entwicklung einer Kunstinstitution in der kulturpolitischen Landschaft des ‚Dritten Reichs'*, Diss., Technische Hochschule Aachen, 1998, S. 34; Dietrich Orlow, *The Nazi Party 1919-1945. A Complete History*, New York: Enigma, 2008, S. 419, 515.
29 Aus: WR, „Manchmal", in: dies., *Lyrik und Libretti*, S. 25.
30 Vgl. Anna Maja Misiak, „Judith in Text und Bild. Geschichte einer Umdeutung", in: *Colloquium Helveticum. Cahiers suisses de littérature générale et comparée/Schweizer Hefte für allgemeine und vergleichende Literaturwissenschaft/Quaderni svizzeri di letteratura generale e comparata* (H. 34: „Nach der Bibel", hrsg. von Florence Pennone und Roger W. Müller Farguell, Fribourg: Academic Press, 2003, S. 219-249, hier S. 234 f., Zitat S. 235.
31 Daniela Strasser, „Lieber im Knast als am Schießplatz" [Bericht über Mischa Rainers Wehrdienstverweigerung], in: *Salzburger Stadtanzeiger*, 7.-13. Okt. 1987, S. 4.
32 WR, „An P[eter]. Handke – Gedanken zum Krieg" (Leserbrief), *Salzburger Nachrichten*, 4. Mai 1999.
33 WR, „Friedensmarsch" (wahrsch. Leserbrief), 11. Nov. 1992, es ist unbekannt, ob bzw. wo der Leserbrief veröffentlicht wurde.
34 WR, „Österreich in die Nato?" (wahrsch. Leserbrief), Dez. 1991, es ist unbekannt, ob bzw. wo der Leserbrief veröffentlicht wurde.

35 Brief WR an Bundeskanzler Dr. Franz Vranitzky, 23. Jän 1996.
36 WR, „Politisches Bungee-Jumping" (wahrsch. Leserbrief), 24. Jän. 2000, es ist unbekannt, ob bzw. wo der Leserbrief veröffentlicht wurde.
37 WR, „Keine Nachsicht" (Leserbrief), in: *Salzburger Fenster*, 17. Mai 2000.
38 WR, „Wer öffnete ‚Die Büchse der Pandora'?" (wahrsch. Leserbrief), 21. Feb. 2003, es ist unbekannt, ob bzw. wo der Leserbrief veröffentlicht wurde.
39 Alle Gedichtstellen aus WR, *Lyrik und Libretti*, und zwar aus „Der Unterschied", S. 19; „Lied an die Mütter", S. 29; „Elektra (Traum III)", S. 39; „Die frigide Gesellschaft", S. 21; „Der Preis", S. 12 (2 Stellen), „Der Unterschied", S. 19; „Es sind zwei", S. 20.

Siegbert Stronegger

Christian Wallner
Im Widerspruch zum Festgefahrenen

Er war Schriftsteller, das vor allem. Er verkörperte zudem das literarische Kabarett, war Kolumnist und Kulturmanager. Und war in jeder Weise ein streitbarer Geist und kritischer Denker im Salzburg der 1970er, 80er und 90er Jahre. Was immer auch die erzählte Erinnerung an Christian Wallner zutage fördert, so trifft auf ihn auf jeden Fall ein Gedanke zu, den der ungarische Autor Sandor Marai formuliert hat. Dass man nämlich die wichtigsten Fragen immer mit seinem Leben beantwortet. Ein ideologischer Hintergrund oder ein vorgefasster Lebensplan zählen gering, was wirklich zählt, das ist das gelebte Leben. So sind denn die aus der Lebensgeschichte gegriffenen biografischen Reminiszenzen hilfreich, wenn man etwas erfahren möchte über einen Künstler, der zum Studium aus Oberösterreich nach Salzburg kam, um dann hier zu bleiben, in dieser Stadt intellektuell mitzumischen, sich an ihr zu reiben, im Widerspruch zum festgefahrenen Denken und Tun einer selbstgefälligen Salzbürgerschaft.

Als Christian Wallner 1973 beim Sommerfestival der „Szene der Jugend" gemeinsam mit Werner Schneyder die Kabarettbühne betrat, hatte es Alfred Winter als mutiger Kulturveranstalter wieder einmal geschafft, schier Unmögliches hinzukriegen, indem er zwei Alphatiere gemeinsam auf die Bühne lockte, auf dass die kreativen Funken sprühen sollten. Die Funken sprühten tatsächlich – und die Fetzen flogen zwischen dem älteren Schneyder und dem jüngeren Wallner. Der hatte im Jahr davor für lyrische Texte den Georg-Trakl-Förderungspreis erhalten, verstaute aber danach alle weiteren Gedichte in einer Lade, die dann nur einmal für das im Verlag Winter erschienene Buch „Freund und Feind. Gedichte und Notate" (1978) geöffnet wurde. Sein Weg führte ihn schnurstracks zum Kabarett und zu den Prosaformen, hatte doch schon in Mittelschulzeiten der oberösterreichische SN-Korrespondent Sepp Käfer die schreiberische Begabung des jungen Burschen aus Thalheim bei Wels erkannt und ihm die Chance eingeräumt, an der Gestaltung einer kritischen Jugendseite mitzuarbeiten.

Auf der Bühne

Das Kabarett wurde immer mehr seine Kunstform, seine bevorzugte literarische Äußerungsweise. Er hatte zwar schon schöne Erfolge eingefahren mit Trivialromanparodien, die als Kurzhörspielserien („Schatten über Herrenstein", „Das Glück ist ein Suchen" und „Schweigen ist Blei") beim Südwestfunk in Baden-Baden zum Publikumshit wurden. Und er war mit Fernsehspielen und Dokumentationen im ORF in Erscheinung getreten, wie etwa dem Trakl-Film „Jemand hat diesen schwarzen Himmel verlassen" (1981, Regie Lutz Hochstraate) oder der TV-Dokumentation „Der Zwiebelturm" (1983), über den von den Nazis ins KZ Dachau verschleppten Dorfgasteiner Pfarrer Andreas Rieser. Doch auf Dauer sah er einfach die Bühne als den wirkungsvollsten Ort für die Reflexion des Zeitgeschehens. Er konnte dort alles sagen, was ihn beschäftigte, aufregte und amüsierte. Wobei es ihm bei der satirischen Erhellung eines Themas gar nicht um irgendwelche Belehrungen ging, sondern um neue, interessante Fragen, die sich aufwerfen ließen. Sein Credo war: Wenn die Leute mit mehr Fragen hinausgehen als sie vorher hatten, dann war es ein gelungener Abend. Er pflichtete Kurt Tucholsky überhaupt nicht bei, der Satiriker als „enttäuschte Moralisten" sah. Rampensau, ja immer, Provokateur mit Humor, ja, Unterhalter mit Haltung, ja, aber Moralist zu sein, dazu verstieg er sich nicht.

Obwohl Christian Wallner mit seinem starken Ego und seinem frechen Mundwerk alles andere als pflegeleicht, sondern ordentlich widersprüchlich war, gab es da trotz wechselnder Bühnenpartnerschaften eine Künstlerbeziehung, die es in den 18 Jahren des gemeinsamen Auftretens locker auf die Laufzeit einer gediegenen Lebensabschnittspartnerschaft brachte: Es waren die Jahre mit dem Salzburger Percussionsvirtuosen Gerhard Laber. Die beiden haben sich verstanden, ergänzt, aneinander künstlerisch gerieben, gestritten, wieder verstanden. Bei allen Aktivitäten auf der Kabarettbühne sei Christians größte Liebe immer das Spiel mit Worten und dem daraus resultierenden denkerischen Ergebnis gewesen, erinnert sich sein musikalischer Mitstreiter. Und wenn die beiden, die sich im

Laufe der Jahre auf der Bühne blind zu verstehen lernten, der Schalk packte, dann war es einfach lustvoll, für sie – und für das Publikum.

Hätte Wallner für eine gute Pointe seine Großmutter verkauft? Kein Zweifel, er hätte, denn er ließ sich nie als Gesinnungsbeauftragter einspannen, von wem auch immer, sondern er war Künstler, und deshalb wollte er als Kabarettist bei aller sozialen Grundgesinnung keinerlei politische oder moralische Mission erfüllen, außer der einen, wesentlichen Mission: selber die Lust auszukosten am sprachlichen Zugriff, an der pointierten Formulierung und an der analytisch-scharfen Zuspitzung der Aktualitäten. Wer sich mit einem Bühnenauftritt nicht selber etwas Gutes tut und es nicht zu genießen weiß, der kann auch keine Wirkung erzielen. Es gibt dazu eine feine Bemerkung des Burgtheater-Stars Michael Maertens, die da lautet: Ich bin nicht Schauspieler geworden aus Liebe zu Kleist, sondern aus Liebe zu mir. Genau in diesem Sinne ist für Christian Wallner die Kabarettbühne so bestimmend geworden. Mit einem gut strukturierten Kopf und einer bösen Zunge allein kann man auf den Brettern nicht bestehen, es braucht auch eine ordentliche Portion Exhibitionismus und Selbstbespiegelung, um Wirkung zu erzielen. In der Erinnerung an sein kabarettistisches Schaffen geht es nicht um Vollständigkeit, sondern es zählen die aus dem Gedächtnis besonders gut abrufbaren, weil prägnanten Programmtitel: „Ruhe da hinten!", „Machen Sie sich frei!", „Champagner brut", „Mit Niederschlägen ist zu rechnen", „Nachschlag", „Hirn.com", „Schnurren und Grillen", „Durststrecke" und „Quer-Geist". Nicht zu vergessen auch „Erste Hilfe", als es 1998 „letzte Anleitungen zum richtigen Leben im falschen gab". Diese Bühnenerfolge mitgestaltet hat nicht nur Gerhard Laber, als exzellente Musiker und Darsteller waren auch – der am Beginn und wieder am Ende des MotzArt-Projektes pianistisch aktive – Gerald Fratt, der Gitarrist Heli Punzenberger und Markus Grüner als DJ im Spiel. Als die starken Frauen im literarisch-musikalisch-szenischen Geschehen hatten Verena Christof, Michaela Rosen und Susanne Pichler über die Jahre großen Anteil am gewitzten Gelingen der Programme.

Am Telefon
Christian Wallner war davon überzeugt, dass das deutschsprachige Kabarettgeschehen in Österreich sich nicht gottgegeben auf Wien konzentrieren müsse,

und dass neben dem seit 1982 vergebenen Kleinkunstpreis „Salzburger Stier" eine eigene, hochkarätige Woche des politischen Kabaretts in Salzburg unverzichtbar sei. Die Mozartwoche der Internationalen Stiftung Mozarteum verwöhnte die konservativen Salzbürger, die MotzArt-Woche war das alternative Angebot an die kritischen Leute, die sich auf eine Auseinandersetzung einzulassen bereit waren.

So griff er denn 1983 zum Telefonhörer, aktivierte seine Kontakte und sein Netzwerk im deutschsprachigen Raum und zündete ein Feuerwerk des ironisch-satirischen Humors. Das Festival war in der Champions League der Branche angesiedelt, Wallner bot im Studio der Hochschule Mozarteum ausschließlich die besten Leute an, Jänner für Jänner durfte es nicht einfach Kleinkunst sein, sondern es musste die große Kleinkunst her, jeder Abend eine Österreich-Premiere weitab des Comedy-Mainstreams. Dieter Hildebrandt, Otto Grünmandl, Franz Hohler, Sigi Zimmerschied, Piano Paul, Helmut Ruge, Georg Kreisler & Barbara Peters, Hanns Dieter Hüsch und Josef Hader, alle folgten der Einladung nach Salzburg, inzwischen sind es mehr als 200 Erstaufführungen, die die MotzArt-Woche auf ihre Fahnen heften kann. Und noch immer brüllt als Markenzeichen der MotzArt-Löwe des Karikaturisten Helmut Hütter. Die Programme waren brillant und scharf und sind es noch immer, als Maßstab taugte und taugt das Karl-Kraus-Diktum, dass gute Satire, die ein Zensor verstehen würde, verboten gehörte. Wallner war der Kopf und Motor der MotzArt-Woche, hatte aber mit Ali Haslinger, Ernst Wuger und Erich Oberndorfer wichtige Mitstreiter. Nach der Pionierzeit im Mozarteum und einem Intermezzo im Kleinen Theater übersiedelte die MotzArt-Woche noch für zwei Jahre ins Kulturgelände Nonntal, ehe ab 2006 im neuen Haus der ARGEkultur faktisch ein Neustart glückte.

Auf der Baustelle

Kulturpolitisch wach und diskussionseifrig war Christian Wallner immer, doch 2002 wurde sein Engagement handfest und konkret. Er klinkte sich als Berater im strategischen Bereich des Kulturgeländes Nonntal ein, zu einem Zeitpunkt, als auf dem Areal des früheren HTL-Lehrbauhofes am Mühlbacherhofweg wegen der beschränkten Nutzungsmöglichkeiten alles nach einer Neuausrichtung schrie. Zusammen mit Markus Grüner und Daniela Gmachl bildete er ein

Führungstrio, das den geplanten Umbau am Ort für nicht zielführend hielt und durch Eigeninitiative den Grundstückstausch einfädelte, der sich rasch als Befreiungsschlag zur Neupositionierung entpuppte. Wenn sich nun in weiterer Folge die kommunalpolitischen Fallstricke immer wieder zu verknoten drohten, trat Wallner auf den Plan und sicherte im persönlichen Nahkampf mit den Politikern eine konstruktive Gesprächsbasis. War das Kulturgelände Nonntal von seiner Geschichte her eher ein Lieblingsprojekt der Bürgerliste, so konnte er nun mit Bürgermeister Heinz Schaden und Kulturlandesrat Othmar Raus verlässliche und solidarische Unterstützer aus der SPÖ gewinnen, am Ende trug mit Vizebürgermeister Karl Gollegger auch noch die ÖVP den Neubaubeschluss mit. Es war ein Zeitfenster, das es zu nutzen galt, man musste aber für den frischen Wind, der da hereinblies, auch rasch und richtig die Segel setzen. Wallner hatte durch seine wöchentliche Kolumne in den SN Popularität und Gewicht in der öffentlichen Diskussion gewonnen – und mit diesem Pfund wusste er zu wuchern, als es nach dem Spatenstich im Dezember 2003 auf der Baustelle um die Mühen der Ebene ging. Er konnte beides: hart verhandeln, den Leuten der bauausführenden STRABAG mit autoritärer Entschlossenheit entgegentreten, wenn es um Schlampigkeiten ging, er war aber auch derjenige, der mit den Arbeitern auf der Baustelle ein Bier aufmachte und ihnen einen Tschick anbot, Marke Parisienne, was oftmals mindestens ebenso viel weiterbrachte wie seine Grimmigkeit. Jedenfalls war das neue Domizil, die ARGEkultur, wie sie nun hieß, im Oktober 2005 fertig, nach der Rekordbauzeit von nicht einmal zwei Jahren. Stolz war das gesamte Team, besonders stolz war Wallner, hatte doch er, der Autor und Kabarettist, sich als ein Macher im ganz prosaischen Sinn des Wortes profiliert. Die Erfahrung, jeden Tag auf einer Baustelle zu stehen und darauf aufzupassen, dass alles stimmt, das hat ihm sichtlich gut getan. Aus dem operativen Geschäft des Hauses zog er sich dann zurück, es war dort alles in besten Händen.

Markus Grüner-Musil, seit 2005 künstlerischer Leiter im Nonntal, führte nach Wallners Tod die von ihm schon zuvor mitgestaltete MotzArt-Kabarettwoche höchst erfolgreich weiter, mit dem nächsten Festival im Jänner 2017 wird man das 35. Bestandsjahr erreicht haben. Die ARGEkultur steht heute da als das größte unabhängige Kulturzentrum Salzburgs, als eine Kommunikations- und Produktionsstätte für verschiedenste Initiativen und Künstlergruppen, der programmatische Anspruch der zeitgenössischen, innovativen und gesellschaftskritischen Ausrichtung wird hochprofessionell eingelöst, ein Blick ins Programm 2016 bestätigt das ohne Wenn und Aber. Jährlich kommen 40.000 Besucher zu 350 Veranstaltungen, es läuft also alles ganz im Sinne des Mannes, der sich dort in den letzten Jahren seines Lebens nicht nur voll eingebracht, sondern auch sehr wohlgefühlt hat. Und sich als Arbeiter im „öffentlich-kritischen Dienst" verstand.

Am Schreibtisch

Mit der Bemerkung „Sie trauen sich aber was!", gerichtet an Manfred Perterer, den damaligen Lokal- und heutigen Chefredakteur der „Salzburger Nachrichten", begann 1991 die 19-jährige Zusammenarbeit der bürgerlichen Qualitätszeitung mit dem scharfzüngigen und eindeutig links verorteten Kabarettisten Christian Wallner. Es wurde ihm eine satirische Kolumne angeboten, und fortan gab es keinen Samstag mehr ohne Wallners stilistisch gediegene und inhaltlich gewitzte Betrachtungen zum lokalen und globalen Geschehen. In diesen fast zwei Jahrzehnten war ihm der Donnerstag heilig, als der Tag der Ungestörtheit im Büro außer Haus, dort sammelte er die Einfälle der Woche und schrieb sie nieder, jede gute Formulierung war ständig bedroht von einer besseren. Er reagierte tagesaktuell, doch war auch noch der Boden der reichen Erfahrung aus der Zeit des gesellschaftspolitischen Aufbruchs der Achtundsechziger-Generation tragfähig, als er unzählige Streitgespräche und Podiumsdiskussionen bestritten und oftmals dominiert hatte. Die Theorie einer gelungenen Kolumne war für ihn ganz klar: Scherz, Satire, Ironie und tiefere Bedeutung! Ja, genau nach dem vielstrapazierten Titel der berühmten Komödie von Christian Dietrich Grabbe. Und diese Theorie war auch der Maßstab für ein gelungenes Kabarettprogramm.

Der Tagesjournalismus war ihm vertraut, hatte er sich doch schon in den 70er Jahren im sozialdemokratischen „Salzburger Tagblatt" als freier Kulturberichterstatter betätigt, in jener Zeitung, in der einst Thomas Bernhard als junger Gerichtssaalreporter und redaktionelles Problemkind zwischen Dichtung und Wahrheit herumlavierte, zur Verzweiflung des Chefredakteurs und nachmaligen Festspielpräsidenten Josef Kaut. Als Wallner 1974 im „Tagblatt" über eine Lesung von Friedrich Torberg zu berichten hatte, hieß der Chefredakteur, der

Probleme mit seinem Mitarbeiter bekommen sollte, Kurt Wessely. Die Besprechung begann wörtlich so: „Friedrich Torberg, der bekanntlich nie beim CIA war, las gestern in Salzburg aus seinem neuen Buch ...". Torberg beschwerte sich weder beim Schreiber der Zeilen noch bei dessen Chefredakteur, sondern gleich beim Bundeskanzler. Sonnenkönig Bruno Kreisky rief Wessely an, man möge seinen Freund Torberg in Ruhe lassen, mehr geschah nicht. Auf eine Gegendarstellung, dass es nicht stimme, dass er nicht für den CIA gearbeitet habe, verzichtete Torberg, der ja erwiesenermaßen im Wien der Nachkriegszeit eine nachrichtendienstliche Beziehung zu den Amis hatte. Wallner freute sich über die große Wirkung einer kleinen ironischen Negation. Frechheit hatte gesiegt.

In der Klausur

Zum Schreiben der Kabarettprogramme und für die szenischen Proben zog sich Wallner am liebsten in den Oberpinzgau zurück, ins Cinetheatro des unermüdlichen Kulturaktivisten und Schauspielers Charly Rabanser. Dort, in Neukirchen am Großvenediger, war für ihn der Ort, wo er in einem Zustand aus Distanz und Nähe zu Salzburg besonders gut nachdenken, schreiben und an den Liedern und Zwischentexten feilen konnte.

Die Literatur sei seine „ureigenste Angelegenheit" gewesen, sagt seine Frau Annemarie Wallner, und dabei kommt auch die Rede auf eine Romanidee, die er über viele Jahre hinweg im Kopf hatte. Es existierte schon der Titel „Big Lift" und auch der Plot mit vier in einem Lift (und in ihrer Weltanschauung) gefangenen Männern war vorgezeichnet, doch es blieb beim Projekt. Seine Frau, eine erfolgreiche Ärztin, bot ihm jede Unterstützung für die Zeit einer längeren Schreibklausur an, doch mit einem totalen Rückzug aus der Öffentlichkeit konnte er sich einfach nicht anfreunden. Die drei, vier Wochen der Programmklausuren in Neukirchen ja, aber eine radikalere Periode der Einsamkeit, das ging nicht bei ihm.

Ihm entsprachen die kompakteren Textsorten, also die liedhaften, epigrammatischen oder essayistischen Formen des Schreibens. Sie finden sich in den Kabarettprogrammen versammelt und stecken in den Hörspielen, Fernsehfilmen und Beiträgen in Literaturzeitschriften. Die literarischen Vorbilder seiner jungen

Jahre waren Bertolt Brecht und Max von der Grün, und weil keiner aus seiner Vergangenheit entlassen wird, hat er dann seinem Sohn die Vornamen dieser berühmten gesellschaftskritischen Schriftsteller gegeben. Sich auf politisch engagierte Autoren aus der Literaturgeschichte zu beziehen, das bedeutete für ihn aber keineswegs Selbstfesselung. In den Jahren des Geschichte- und Pädagogik-Studiums in Salzburg vernahm man auch von ihm jene in den linken Zeitgeist eingebetteten klassenkämpferischen Töne, doch saloppen Parolen wie „Kunst ist Krampf im Klassenkampf" ging er nicht nur nicht auf den Leim, sondern zog sie ins Lächerliche. Hingegen wuchs das konkrete Misstrauen in die von den Konservativen behaupteten Selbstheilungskräfte und Segnungen der freien Marktwirtschaft. So regiert etwa in seinem „Gelassenheitssong" der Sarkasmus:

Gottseidank, dass nie wer merkte, dass die Wahl der Wahl oft fehlt:
Überall regier'n die Märkte – keiner fragt: von wem gewählt?
Recht und Freiheit: schöne Ziele! Danach sollen andre trachten.
Ich will Zinsen, möglichst viele, und dass Aktien Sprünge machten.

Salzburg war für ihn seit Mitte der 60er Jahre der dezidert gewünschte Lebensmittelpunkt, Verlockungen wegzuziehen gab es: Sowohl in Baden-Baden beim SWR, als auch im ORF-Landesstudio Oberösterreich wollte man ihn als Literaturchef gewinnen, er blieb in Salzburg, wo er zur Stadt die besondere Spielart eines Abhängigkeitsverhältnisses entwickelte, „das jenem eines Streichholzes zur Reibfläche gleicht". Wenn er in jedem Wahlkampf die Verheißung vernahm, dass Salzburg „modern" werde, dann war er sich nie sicher, ob „modern" hierorts auf der ersten oder auf der zweiten Silbe zu betonen ist. Er konnte sich als sprachbewusster Skeptiker spontan in Worte und Formulierungen hineingraben und ihren Doppelsinn hervorkehren.

So gut wie unbekannt ist, dass sich Wallners Kreativität auch in der Bildenden Kunst manifestierte. Er malte über Jahrzehnte hinweg immer wieder Ölbilder, in einer Art von magischem Realismus, seine feinen, schwebenden Bilder sind Werke des lyrischen Menschen in ihm. Auch Zeichnungen und Karikaturen gibt es von ihm, war er doch unmittelbar nach bestandener Matura mit einer Mappe zur Aufnahmsprüfung an die Kunstakademie in Wien gefahren. Er wurde genommen, trotzdem fuhr er in die andere Richtung, nach Salzburg zum Lehramtsstudium. Den bildnerischen Neigungen gab er im letzten Lebensjahr wieder nach, als er sich ernsthaft auf die Kunst der Druckgrafik einließ. In der Werkstätte des Salzburger Galeristen und Kunstförderers Niko Topic-Matutin in der Kunstmühle in Gnigl lernte er, dem Berliner Drucker Steffen Tschesno zu vertrauen, einem Meister seines Faches. Aus dem gemeinsamen Arbeiten wuchsen erstaunliche Blätter samt einer festen Freundschaft, wie sie ihn auch mit dem wunderbaren Salzburger Maler Rudi Hradil verband.

In der Toskana und daheim

Wir alle reisen ein Leben lang unseren Träumen hinterher. Christian hat seine Zeit genutzt, wenn es um seine Liebe zum Land, wo die Zitronen blühen, ging. Noch mehr als die Zitronen schätzte er im Süden den guten Wein. Er organisierte Sommerseminare für kreatives Schreiben in der Toskana, in dieser animierenden Region, die den bei Alt- und Neu-Linken hochgeschätzten Brunello hervorbringt. In den Seminarwochen gab es für die Teilnehmer nicht nur bei den schriftlichen Übungen professionelle Begleitung, sondern auch beim Verkosten.

„Gutes Essen und Trinken halte ich für unverzichtbare Säulen einer ausgewogenen Diät", schrieb er in einer SN-Glosse, die kurz vor seinem Tod erschien, als ihm bereits die Kraft zum Schreiben fehlte, seine Zeitung ihm aber mit dem Neudruck älterer, thematisch zeitloser Kolumnen bis zuletzt die Treue hielt. Zum guten Essen und Trinken kam Christian auf verschlungenen Wegen, wie sein journalistischer Mentor Kurt Wessely in der Laudatio zum Fünfziger seines Mitarbeiters nicht zu erwähnen vergaß: „Seine Fabulierkunst hat er an den Texten für Revolutionsschriften und aufrührerische Plakate erprobt. Doch irgendwann überließ Wallner den Marxismus seinem Schicksal und wendete sich dem Genuss zu." Was das für seine Gäste bedeutete, wenn Wallner sich dem Genuss zuwendete, führt ins schier Unbeschreibliche. Er kochte mit Leidenschaft und sicherer Hand, er kannte und liebte den Rotwein aus aller Welt, pries seine positiven Auswirkungen auf die Lebensintensität und umsorgte die fröhlichen Runden an langen Abenden, die oft in die Morgendämmerung hineinreichten, weil es einfach immer noch etwas zu diskutieren und zu trinken gab.

Einer, der nicht nur ihn gut kannte, sondern auch das Schaffen von Gerhard Amanshauser, Franz Innerhofer und Thomas Bernhard interpretiert hatte, ist der aus Zell am See stammende und in Wien lebende Germanist Clement Reichholf. Er spürt im ironisch-satirischen Schreiben von Christian Wallner einen sokratischen Ansatz: den Dingen auf den Grund zu gehen, ohne mit großen Wahrheiten auftrumpfen zu wollen.

So ist es wohl: Es ging ihm nicht um Dogmen, sondern um das beharrliche Aufbrechen von vorgefassten Meinungen und verkrusteten Positionen. Die Gedanken in Fluss zu halten, das war ihm wichtig, das hat ihn angetrieben bis zuletzt.

NACHWORT

Johannes Voggenhuber
Wo, wenn nicht hier?

Der Charakter Salzburgs irrlichtert im Laufe seiner Geschichte in einer ständigen Abfolge von kulturellen Aufbrüchen und Einbrüchen, von hoher Urbanität zu tiefster Provinzialität, von Weltoffenheit zu kleinbürgerlicher Verschlossenheit, von liberaler Widersetzlichkeit zu feudaler Herrschaft, bis in die Gegenwart. Vor genau 200 Jahren verliert Salzburg auf dem dynastischen Roulettetisch des Wiener Kongresses endgültig seine über fünfhundertjährige Selbstständigkeit und wird nach einigem Hin und Her und nach Abtrennung einiger Teile schließlich Österreich zugeschlagen. Diesen Verlust, den Absturz von einer europäischen Kulturmetropole, von einer strahlenden Residenz-, Universitäts- und Handelsstadt zur dahindämmernden oberösterreichischen Kreisstadt hat Salzburg bis heute nicht überwunden. Die kaiserlichen Privilegien waren der Stadt schon vorher vom eigenen Landesherren abgepresst worden. Die Bauernaufstände waren gescheitert und die Protestanten vertrieben. 1816 fiel nun die Bürgerschaft aus der rigiden Feudalherrschaft der Fürsterzbischöfe für Jahrzehnte in eine noch viel tiefere Ohnmacht als untergeordnete, entrechtete Verwaltungseinheit im Herzogtum Oberösterreich. Der Hofadel, Professoren, Beamte, Gebildete und Studenten verließen fluchtartig die Stadt. Haus- und Grundbesitzer, Handwerks- und Kaufmannsfamilien wurden zur neuen Elite. Ihr Regime über die Bürgerschaft war nicht weniger reaktionär als das der alten Feudalherrschaft. Die Universität wurde aufgelassen. Die gewaltigen Kunstschätze wurden nach Bayern, später auch nach Linz verbracht. Das Einzige, was aus dieser Zeit eines beispiellosen Niedergangs mit tiefen Spuren bis heute berühmt blieb, ist das Gras, das über den Residenzplatz wuchs. Was haben wir eigentlich zu feiern?

Eine kurz aufflackernde „Gründerzeit", der Bau der Eisenbahn und Ansätze des Tourismus änderten auch nach Wiedererlangung der Eigenständigkeit im habsburgischen Herzogtum Salzburg wenig an dieser inneren und äußeren Verfassung. Und so taumelte Salzburg, das während des ganzen Dreißigjährigen Krieges mit großem politischem Geschick seine Neutralität gewahrt hatte, in den Ersten Weltkrieg, in die Wirrnisse der I. Republik und schließlich mit allgemeinem Hurrageschrei in das Dritte Reich, das am Ende eine Stadt zurückließ: ohne Juden, die vertrieben und ermordet wurden, ohne die hervorragenden Menschen, die im Widerstand umgekommen waren, mit abertausenden Gefallenen und tiefen Zerstörungen. Und mit zahlreichen ehemaligen Nazis, die sich sogleich anschickten, Schlüsselstellen in Stadt und Land, in Polizei und Justiz, in den Medien, den Schulen und in der 1962 halbherzig wieder errichteten Universität zu besetzen. Zu „Wien" konnte die herrschende politische Schicht in Stadt und Land seit der Zugehörigkeit zu Österreich bis heute nie einen Kontakt herstellen. Auf dem Radarschirm der Bundespolitik leuchtet Salzburg nur sehr selten auf. Längst hat sich diese ganz diskret und ohne jede Rechtsgrundlage auf drei Schwerpunktstädte „geeinigt": Graz, Linz und Innsbruck – ohne dass es den Salzburger Politikern und Parteien auch nur aufgefallen wäre. Ständige Zurücksetzung und Benachteiligung sind seit Jahrzehnten die Folge. Was haben wir eigentlich zu feiern?

Wer über die Provinzialität, Kleinmütigkeit und Trägheit im politischen Leben Salzburgs entsetzt ist und sie überwinden will, muss diese Abgründe, Traumata, Verluste und Demütigungen seiner Geschichte kennen. Sie haben sich in das kollektive Unterbewusstsein der Stadt eingefressen, sitzen ihr quasi tief in den Knochen.

Und doch, inmitten der historischen Tragödien wie der Tristesse der herrschenden Verhältnisse, entstehen immer wieder Momente des Möglichen, an denen sich neue Versuche entzünden. Diese Stadt und ihre Region hat durch alle Schicksalsschläge und alles Versagen ihrer Eliten ihre inspirierende Kraft und den Magnetismus ihres genius loci bewahrt. Und immer hat diese Stadt Menschen aus aller Welt inspiriert. Immer hat sie interessante, außergewöhnliche Menschen angezogen. Halten konnte sie diese nur selten.

Salzburg hat die Ressourcen, alles zu sein, was es will, wenn es denn nur wollte. Jeder der irgendwo auf der Welt auch nur seinen Namen ausspricht, weiß es: Salzburg gehört zu den kostbarsten, ältesten, zu den reichsten Städten Europas in jedem Sinn und die waren es und sind es, die das europäische Denken vorantreiben, seit jeher. Allein der Klang ihres Namens erweckt überall höchste Erwartungen. Doch die Politik und die herrschenden ökonomischen Eliten enttäuschen sie jeden Tag aufs Neue. Die unerschöpflichen Möglichkeiten dieser Stadt erschrecken sie. Sie haben keine Vision dazu. So schreiben sie die Geschichte des langen Abstiegs der Stadt zur Provinz fort, begnügen sich mit jährlichen touristischen Wachstumsraten und mit den Festspielen (auch eine Erfindung von außen, wie so vieles).

Und doch gibt es in dieser Stadt seit jeher Momente von Widersetzlichkeit, ja Widerstand, von Aufbruch und von neuem Denken. Sie sind ihre Inspiration, gehören geradezu zum eigentlichen Wesen dieser Stadt und treiben sie immer wieder voran. Nicht selten verdanken wir sie der Leidenschaft von Menschen „von außen". Auch gegen die lähmenden politischen Verhältnisse der Nachkriegszeit, gegen die Preisgabe seiner „Weltlandschaften" und seiner weltberühmten Altstadt an eine entfesselte Boden- und Bauspekulation erhob sich, angestoßen von wenigen, endlich Widerstand aus der Mitte seiner Bürgerschaft. Es gelang ihr das Zerstörungswerk zu stoppen, dieser Stadt ihre urbanen Entwicklungsgesetze und ihren kulturellen Anspruch zurückzugeben, ihre einzigartigen Stadtlandschaften dauerhaft zu schützen, ihr mittelalterliches Zentrum zu sanieren, die Salzach von einer schwarzbraunen Kloake in einen smaragdgrünen Fluss zu verwandeln, den Wohnbau unter soziale Kriterien zu stellen, ja nach Jahrhunderten wieder in den architektonischen Wettstreit der europäischen Städte einzutreten und erstmals die Demokratie als Bauherren der künftigen Stadt einzusetzen. Zahlreiche kulturelle und soziale Initiativen entstanden, die der Diktatur der Mittelmäßigkeit und Erstarrung offen den Kampf ansagten. Es war die Bürgerschaft Salzburgs, die sich endlich ihre Stadt zu eigen machte, nicht als künstlich aufgedonnerte Kleinstadtschönheit im Schaufenster des Massentourismus, sondern als eine moderne, vibrierende Stadt, mit einem großen Erbe und mit glänzenden Zukunftsaussichten im Wettstreit der europäischen Städte. So dachte man zumindest.

Doch in den letzten dreißig Jahren erlahmen diese Kräfte des Aufbruchs wieder. Eine beispiellose Initiative aus der Bevölkerung zum umfassenden Ausbau der direkten Demokratie scheitert im letzten Augenblick am offenen Wortbruch der Stadtpolitik. Wieder gelingt die Domestizierung der eigenen Bürgerschaft und niemand bemerkt darin die x-te Wiederholung der Geschichte.
Die Universität ist bis heute ein Torso. Die Salzburg über Jahrzehnte gesetzlich zugesicherte Medizinuniversität entsteht inzwischen in Linz. Als Gegenleistung für diesen Verzicht endlich eine Kunstuniversität auch für alle Sparten der bildenden Kunst zu errichten, wurde nicht einmal versucht.
Wo, wenn nicht in Salzburg, sollte die Kunstuniversität des Landes entstehen, ein europäisches Zentrum zur Ausbildung junger Künstlerinnen und Künstler aus aller Welt? Wo, wenn nicht hier sollte Architektur unterrichtet werden, wo, wenn nicht hier eine österreichische Akademie der Künste gegründet werden? Wo, wenn nicht hier, sollte eine Filmstadt entstehen? Wo, wenn nicht hier eine Stadt der Mode, des Designs, des Kunsthandwerks, der großen Kunstmessen und Galerien, des Schmucks? Von wo, wenn nicht von hier aus, könnten europäische Medien entstehen?

Doch zu bequem lebt es sich in dieser Stadt von den Zinsen der Vergangenheit, auch wenn der kulturelle Unverstand ihrer saturierten und provinziellen Eliten vieles davon zerstört hat. Die Politik verbringt ihre Tage als Kuponschneider des historischen Erbes. Was sich rentiert, wird aufgebläht, verlängert und vervielfältigt: zu den Sommerfestspielen kommen Osterfestspiele, dann Pfingstfestspiele, dann Mozartwochen. Es fehlen nur mehr die Krampusfestspiele.

Die Universität stößt nach ambitionierten Reformen an ihre Grenzen, wird von der Politik im Stich gelassen und finanziell stranguliert. Linz und Innsbruck versuchen sich immer wieder Teile einzuverleiben und stoßen dabei auf späten und mäßigen Widerstand. Eine Universitätsstadt ersten Ranges zu sein gehörte zum Wesen dieser Stadt. Heute muss man befürchten, dass sie im Wettstreit der Universitäten eines Tages resigniert und den Platz einer bloßen Lehrerbildungsanstalt zugewiesen bekommt. Eine Vision für ihren Aufbruch zu einem internationalen Wissenschafts-und Forschungszentrum existiert jedenfalls weder im Land noch in der Stadt. Die Idee einer grenzüberschreitenden „Europäischen Universität" stieß von Bayern bis Brüssel wie auch in der Leitung der Universität selbst auf große Begeisterung und angeblich auch in Stadt und Land. Doch die Politik sah sich nicht in der Lage, dieses zukunftsweisende Projekt auf die Agenda der Bundespolitik zu setzen. Die vielleicht wesentlichste Entwicklungschance Salzburgs zur Stadt der Künste und der Wissenschaft, der Bildung und der Forschung wird so verspielt. Schon die chronische Studentenfeindlichkeit der Stadt verhindert die Voraussetzung dafür – eine lebendige soziale und kulturelle Infrastruktur für die Jugend. Nach wie vor existiert ein massiver Mangel an Wohnraum für Studierende, der Abertausende zu Pendlern macht. Kann es jemanden verwundern, dass die Mehrheit der Absolventen die Stadt verlässt und die jungen, hoch ausgebildeten Menschen anderswo ihr Glück suchen? Was für ein Aderlass! Stattdessen erlebt der Luxus-und Zweitwohnungsbau eine fatale Renaissance. Sogar soziale Widmungen werden dafür inzwischen wieder aufgehoben. In der Stadtentwicklung halten die alten Methoden der Bau- und Bodenspekulanten wieder Einzug. Anstelle von hervorragenden Siegerprojekten internationaler Wettbewerbe, wie für das Museum am Mönchsberg von Alvaro Siza, für das Kongresshaus oder das Haus für Mozart, die man mit provinziellem Aufschrei verwirft, werden unter politischem Druck wieder banale „bodenständige" Projekte realisiert. Die vor dreißig Jahren in Angriff genommenen „städtebaulichen Leitbilder" existieren bis heute nicht.

Ein Mitglied der Stadtregierung erklärt kürzlich vor Studierenden der TU Wien, er habe das Projekt einer Wiederbesiedelung der Altstadt längst aufgegeben. Das Verkehrskonzept aus dieser Zeit ist heute noch avantgardistisch. Es wurde nie durchgesetzt, obwohl es dazu keine Alternative gibt. Weil ein Landeshauptmann in feudaler Selbstherrlichkeit einer Randgemeinde verspricht, von der Modernisierung des Eisenbahnverkehrs verschont zu bleiben, verschwindet Salzburg für unabsehbare Zeit aus den Investitions- und Ausbauplänen des internationalen Fernverkehrs.

Anstatt die Grünlanddeklaration der Stadt wie versprochen zu einem Landschaftsgürtel zu erweitern, bilden die Umlandgemeinden einen Speckgürtel, saugen die Stadt aus und überlassen ihr die gesamten Verkehrs-, Versorgungs- und Infrastrukturprobleme der Region. Dieser unaufhörliche Aderlass schwächt die Stadt, zerstört ihre Landschaften, ihre soziale Struktur, beschädigt massiv die

Integrität ihrer urbanen Erscheinung und lässt sie gegenüber den dynamischen Städten wie Linz oder Graz weiter zurückfallen. Aber niemand getraut sich das Wort von der Eingemeindung auch nur in den Mund zu nehmen. Dabei sind die Entwicklungskonflikte der Stadt ohne eine solche politische Konsolidierung ihres realen Territoriums nicht lösbar. Und die Stadt würde auf Bundesebene endlich die Bedeutung und die Finanzierung erhalten, die ihrer tatsächlichen Größe entsprechen. Doch die Traumata ihrer Geschichte als marginalisierte, unselbstständige Kreisstadt sind nicht verheilt. Im Gegenteil: Sie verklären sich in den Köpfen ihrer lokalen Eliten zu einem Ort des gemütlichen Nichtstuns und der politischen Konfliktscheu. Die parteipolitische Spaltung zwischen Stadt und Land tut seit dem Ende des Krieges das ihre zur allgemeinen politischen und kulturellen Lähmung. Mit dem gewachsenen Wohlstand genießt man das stetig tropfende süße Gift der Provinz und vergisst darüber die Zukunft.

Und doch gibt es in dieser Stadt seit jeher Momente von Widersetzlichkeit, ja von Widerstand und Aufbruch und von neuem Denken. Sie gehören, zusammen mit ihrer Anziehung für besondere Menschen von überall her, seit jeher zum eigentlichen Wesen dieser Stadt. Sie sind ihre Inspiration und treiben sie immer wieder voran. Ich denke, es ist höchste Zeit die Traumata und Abgründe und Lähmungen der Vergangenheit zu überwinden. Es ist für Salzburg, dieser immer schon zutiefst europäischen Stadt, höchste Zeit für neue Horizonte des Möglichen. Sie sollten wir feiern.

SCHILLERNDE LEBENSDATEN

Johann Barth, 1931 (Mettersdorf/Siebenbürgen) – 2009 (Salzburg), lebte ab 1952 in Salzburg. Fotograf und Schriftsteller. Johann Barth kam als Flüchtling nach Salzburg und wurde zum Alltags- und Sozialfotografen der Stadt.

Dieter Feichtner, 1943–1999, lebte zeitlebens in Salzburg. Musiker und Komponist. Als ein Pionier elektronischer Musik bespielte er Kirchen und öffentliche Räume. Dieter Feichtner schuf ein eigenes musikalisches Genre spontaner Klangentwicklung. Er erntete europaweit Anerkennung und spielte mit wichtigen Musikern des Jazz.

Franz Feldinger, 1928 (Salzburg) – 2009 (Salzburg)
Fußballer, Hauptschullehrer
Günter Praschak, 1929 (Heidenreichstein) – 2011 (Salzburg)
Fußballmanager, Versicherungskaufmann
Karl Kodat, 1943 (Wien) – 2012 (Salzburg)
Fußballer, Stadtwerkeangestellter
Die drei violetten Ikonen waren Austria Salzburgs Wegbereiter vom Provinzverein zum Spitzenklub.

Herbert Fux, 1927 (Hallein) – 2007 (Zürich), kam 1932 nach Salzburg. Schauspieler und Politiker. Herbert Fux spielte in zahlreichen Film- und Fernsehproduktionen, war Mitbegründer der „Bürgerliste", Gemeinderat und Abgeordneter zum Nationalrat. Er setzte sich vehement für einen sorgsamen Umgang mit der Salzburger Altstadt und gegen Bauspekulation ein.

Ulrike Gschwandtner, 1965 (Werfen im Pongau) – 2007 (Gasherbrum II in Pakistan), lebte ab 1983 in Salzburg. Sozialwissenschaftlerin, Feministin, Bergsteigerin. Ulrike Gschwandtner rückte die weibliche Perspektive und die Anliegen Unterprivilegierter in den Mittelpunkt ihrer Arbeit.

Gunther Hofmeister, 1942 (Bad Häring/Tirol) – 2013 (Wien), lebte von 1965 bis 1989 in Salzburg. Designer, Konzertveranstalter und Gastronom. Gunther Hofmeister führte die Boutique „Top News" und organisierte Open-Air-Festivals. Er brachte Offenheit und Toleranz nach Salzburg.

Franz Innerhofer, 1944 (Krimml) – 2002 (Graz), lebte von 1963 bis 1976 in Salzburg. Schriftsteller. 1974 erschien sein erster Roman „Schöne Tage", der mit mehreren Preisen ausgezeichnet und in viele Sprachen übersetzt wurde. Die Protagonisten in seinen Romanen und Erzählungen rebellieren gegen patriarchalisch-autoritäre Lebensnormen in Österreich.

Ruth Jungk, 1913 (Wien) – 1995 (Salzburg), lebte ab 1970 in Salzburg. Inspiratorin. Nach der Emigration in die USA kam sie mit ihrem Mann, dem Zukunftsforscher Robert Jungk, nach Salzburg und wurde für viele aktive Menschen zu einer wichtigen Gesprächspartnerin.

Fritz Kohles, 1954 – 2006, lebte zeitlebens in Salzburg. Postbeamter, Blasmusiker, Kabarettist, Vortragskünstler, Sänger, Beislwirt, Geschichtenerzähler und Schauspieler auf vielen Bühnen, vor allem auf der Bühne seines viel zu kurzen Lebens.

Waltraut Rainer, 1936 (Köln) – 2009 (Salzburg), lebte ab 1956 in Salzburg. Aktivistin und Schriftstellerin. Sie engagierte sich für Umweltschutz, Zivilgesellschaft und in der Friedensbewegung; darüber hinaus verfasste sie Gedichte, Essays und Libretti.

Christian Wallner, 1948 (Gmunden) – 2010 (Salzburg), lebte ab 1966 in Salzburg. Schriftsteller, Kabarettist und Kulturveranstalter. Christian Wallner kam als Student nach Salzburg und wurde in der Stadt zu einer Instanz des öffentlich-kritischen Denkens. Er schrieb und spielte zahlreiche Kabarettprogramme und verfasste Glossen für die „Salzburger Nachrichten".

AUTORINNEN & AUTOREN

Max Blaeulich
Schriftsteller, Herausgeber, Buchhändler und bildender Künstler

Karl-Markus Gauß
Schriftsteller, Kritiker und Herausgeber der Zeitschrift „Literatur und Kritik"

Tania Hölzl
Kunstwissenschafterin, Journalistin und Dozentin

Hannes Krawagna
Sportjournalist und Autor

Wolfgang Radlegger
Ehemaliger Landeshauptmann-Stellvertreter von Salzburg und Vorstand der Wüstenrot Wohnungswirtschaft reg.Gen.m.b.H.

Klemens Renoldner
Literaturwissenschaftler und Schriftsteller, seit 2008 Direktor des Stefan Zweig Centre Salzburg

Gudrun Seidenauer
Schriftstellerin, Erwachsenenbildnerin und Lehrerin am Musischen Gymnasium Salzburg

Michael Stolhofer
Kurator für Tanz, Performance und zeitgenössisches Theater, bis 2012 Intendant der SZENE Salzburg

Martin Stricker
Journalist und Ressortleiter Außenpolitik bei den „Salzburger Nachrichten"

Siegbert Stronegger
Journalist und ehemaliger Direktor des ORF-Landesstudios Salzburg

Werner Thuswaldner
Schriftsteller und Kulturjournalist. Langjähriger Leiter der Kulturredaktion der „Salzburger Nachrichten"

Johannes Voggenhuber
Publizist und Politiker

IMPRESSUM

Veröffentlicht 2016 bei

Tartin Editionen
5026 Salzburg, Uferstraße 8
75003 Paris, 4, Passage Saint Avoye
info@maxblaeulich.com

ISBN 978-3902163-32-5

Redaktion, Koordination: Veronika Puttinger
Mitarbeit: Klemens Maria Schuster
Gestaltung: Eric Pratter

Druckmanagement: Aumayer Druck und
Verlags Gesellschaft m.b.H. & Co KG

Mit Unterstützung von: